Brücken – BauerIn
in anspruchsvollen Zeiten

In 7 Schritten zu mehr Lebensqualität für
dich, deine Familie und die Gemeinschaft

Sonja Imoberdorf

brücken-bauerin.ch

Herausgeberin: Sonja Imoberdorf, Eigerstr. 78, 3007 Bern, Schweiz

Coverfoto: Andrea Soltermann | Hängebrücke Fürgangen-Bellwald, Kanton Wallis (Vorderseite 08/2017; Rückseite 09/2021)
Logo: Sonja Imoberdorf, Sandra Elsig
Cover und Design: Sonja Imoberdorf, Sandra Zürlein
Lektorat: Franziska Leuenberger, Dietmar Sahli

ISBN: 978-3-9525531-1-4

Dir gewidmet.

Möge dieses Buch die goldene Brücke
zu deinem Herzen und in dein Leben sein.

Das liegt mir am Herzen –
deinetwegen und für uns alle.

Mein Geschenk für dich

Lass dich überraschen!

Deinen exklusiven Bonus zum Buch erhältst du hier:

https://sonjaimoberdorf.com/bonus

Inhaltsverzeichnis

Danke

Wer lehrt, was er selbst erlebt hat, und bereit ist, sich dabei auch als verletzlichen Menschen zu zeigen, verkörpert natürliche Autorität. Ich durfte in den letzten Jahren solchen Lehrern und Lehrerinnen begegnen. Sie haben den Raum gehalten, während ich zu mir fand. Dieses Buch reimt sich an so vielen Stellen mit dem, was ich von ihnen gelernt habe.

Equiano Intensio, ich danke dir, dass du mich immer wieder so klar auf mich selbst zurückwirfst. Die Seminare bei dir haben mein Leben grundlegend verändert. Stefan Hiene, merci, dass du dich meinem Verstand so radikal mit deinen Worten in die Quere stellst und ihn dabei nicht allein lässt. Danke SEOM, dass ich durch deine Impulse Themen aus neuen Blickwinkeln betrachten kann. Dein Podcast ist ein Geschenk. Aditya Novotny, ich danke dir für die Erinnerung an meine Mission. Ohne dich hätte ich dieses Buch nicht geschrieben.

Liebe Herzmenschen in meinem Umfeld. Ihr nehmt so geduldig an meinen Umfragen teil und gebt mir differenzierte Rückmeldungen. Auch wenn ich euch nicht namentlich erwähne: Fühlt euch gesehen und gesegnet. Danke, Josefine, Joana, Jens und David für eure Anmerkungen zum Manuskript. Merci, Franziska und Dietmar, für eure Flexibilität und Verlässlichkeit im Lektorat.

Was Bauernfamilien in anspruchsvollen Zeiten mit vereinten Kräften vollbracht haben und weiterhin tagtäglich – oft unbemerkt – für die Gesellschaft leisten, verdient Respekt und Anerkennung. Ich bin dankbar, dass ich im bäuerlichen Umfeld aufwachsen durfte: die Wurzeln meiner Herkunft sind tief und geben mir Halt im Leben.

Ich danke euch, meine beiden grossen Brüder. Ihr zeigt mir mit euren Partnerinnen und den Kindern, was die wahren Schätze im Leben sind: Verbundenheit, Natur und Humor. Dass ich «zu Hause» willkommen bin, so wie ich bin, ist unbezahlbar.

Während dem Schreiben waren mir unsere Eltern sehr nahe. Ihr fehlt. Doch ich werde euch aus dem Buch vorlesen im Wissen, dass ihr zuhört. Geliebtes «Müäti»: Danke, dass du mich Bescheidenheit gelehrt hast. Deine Herzlichkeit lebt in mir weiter. Merci «Vater». Du hast mir vorgelebt, was es bedeutet, mutig den eigenen Weg zu gehen. Deine Grosszügigkeit teile ich mit der Welt.

Mit über 82 Jahren beschenkt mich mein «Gotti» mit ihrer Lebensweisheit. «Vergält's Gott», Irma, dass du mich mit lieben Gedanken begleitest.

Ich schrieb dieses Buch aus meinem Herzen. Danke lieber Verstand, dass du dich auf eine konstruktive Zusammenarbeit mit «uns» einlassen konntest.

Liebe Leserin, lieber Leser. Dir in diesem Buch ehrlich zu begegnen, braucht Mut und Vertrauen. Grossen Dank dafür. Mögen Blumen der Freude, Leichtigkeit und Klarheit deinen Weg säumen. Möge dein Herz dir stets zeigen, in welche Richtung es weiter geht.

In Verbundenheit mit allem, was war, ist und sein wird.

Von Herz zu Herz,

deine Brücken-Bauerin

Vorwort von Aditya Nowotny

Sonja Imoberdorf – der Brücken-Bauerin aus den Schweizer Bergen – ist mit diesem Werk ein grosser Wurf gelungen. Sie spricht mit praktikablen Konzepten genau jene drei Punkte an, die in unserer heutigen Welt zentral sind:

- mehr Lebensqualität für dich – den Leser (Teil 1),
- mehr Lebensqualität für deine Familie (Teil 2) und
- mehr Lebensqualität für die Gemeinschaft als Ganzes (Teil 3).

Die klare Struktur erlaubt es dem Leser, das Buch wie eine Gebrauchsanleitung zu verwenden.

Zu wagen, sich selbst ehrlich zu begegnen, ist die Grundlage, nicht nur für mehr Lebensqualität für sich selbst, sondern auch für das Leben mit der Familie und mit der grösseren Gemeinschaft.

Ehrlichkeit mit sich selbst braucht Mut, Aufrichtigkeit und Offenheit. Dem Leser wird in 7 Schritten gezeigt, wie er die Brücke zwischen Verstand (Denken) und Herz (Intuition) aufbaut und stärkt. Liebevolle Selbstannahme spielt dabei eine wichtige Rolle.

Zu erkennen, was fehlt – was der Leser *braucht*, nicht, was er will, – führt zu einem Erkennen der tatsächlichen Lebensqualität. Denn Menschen leben oft vor sich her und nehmen ihr Leben für gegeben hin. Dabei erkennen sie nicht, was möglich wäre und wieviel mehr ihr Leben ihnen ermöglichen könnte.

Das Leben in der Komfortzone – in der grauen Zone von «nicht zu viel wagen, nicht zu wenig tun» – ist zu einem Symptom unserer heutigen Zeit geworden und lässt viele Menschen ein Leben des Durchschnitts, ein Leben in Hamsterrädern leben.

Das bleibt natürlich nicht ohne Wirkung auf die Qualität der Gesellschaft, in der wir oft «Anpassertum» und Opportunismus erleben, ohne dass echter Wert gegeben wird und echter Fortschritt entsteht.

Zugleich ist die Entwurzelung vom natürlichen Leben eine Tendenz, die ihre Gefahren in sich birgt. Rückverbindung zum ursprünglichen Naturwissen der Bauern – und zum «unbequemen» Leben – kann hier Lösung und Rettung bringen.

Denn in diesem Buch geht es nicht um die Gesellschaft als Ganzes (obwohl hier viele wichtige Bezüge erkennbar werden). Es geht vor allem um die so essenziellen Bauernfamilien, die mit ihrem Sein und ihrem Schaffen eine Verbindung zur Natur und zu nachhaltigen Lebensmitteln für alle ermöglichen – bedroht von den Tendenzen einer immer aggressiver werdenden Industrie und deren künstlichen und genetisch veränderten «Segnungen».

«Setze dich *für* das ein, was dir dein Herz sagt. Lass weg, was dagegen spricht», ist ein zentraler Satz von Brücken-Bauerin Sonja.

Nur wenn der naturbelassene Samen rechtzeitig in den Boden kommt und die richtigen Wachstumsbedingungen hat, gehegt und gepflegt wird, ist Wachstum und schliesslich reiche und nachhaltige Ernte möglich. Das traditionelle Wissen der Bauern ist wichtig für die gesamte Zivilisation. Es geht darum zu verstehen, dass wir nur als Gemeinschaft im Einklang mit der Natur überleben können.

Sonja zeigt Wege auf, wie dies möglich ist, und gibt zugleich dem individuellen Leser wertvolle Einsichten wie Hinweise für die ganze menschliche Gemeinschaft.

Mehr Lebensqualität für dich, deine Familie und die Gemeinschaft ist möglich, wenn du bereit bist, dafür dein Bestes zu geben. Eine Botschaft, die nicht zeitgemässer sein könnte und zugleich die ewige Wahrheit der Menschheit auf ihrem Weg durch die Jahrtausende ist.

Aditya Nowotny

Internationaler Speaker, Autor und
Gründer von Transformational Leadership Training

Eine wahre Geschichte

«Du wartest, wenn ich über den Fussgängerstreifen gehe», gibt eine Frau, Ende Zwanzig, mit erhobenem Zeigefinger und mürrischem Gesichtsausdruck einem verdutzten Autofahrer zu verstehen. Der Autofahrer hält an und lässt die kopfschüttelnde Dame passieren. Sie geht weiter und betritt den nahe gelegenen Lebensmittelladen. Rasch erledigt sie ihre Einkäufe und findet sich in der langen Schlange vor der Kasse wieder. Es ist kurz vor Ladenschluss. Ungeduldig tappt sie von einem Bein auf das andere und versucht unbemerkt vorzudrängeln. Als sie von einer Mutter mit Kinderwagen darauf hingewiesen wird, sich bitte hinten anzustellen wie alle anderen auch, tut sie so, als hätte sie nichts gehört. Beim Bezahlen zückt die junge Frau trotz der vielen Menschen im Laden einen alten Kassenbeleg, um eine Produktreklamation anzubringen. Die Verkäuferin ist überfordert und ruft ihre Kollegin zu Hilfe. Einige Menschen in der Warteschlange verdrehen die Augen und deuten auf die Uhr. Die junge Frau fühlt sich missverstanden. Als Kundin hat die doch das Recht auf Rückerstattung?

Die junge Frau war zu dieser Zeit in ihrem Leben oft im Kampfmodus. Und dies nicht nur im Strassenverkehr oder an der Kasse, sondern potenziell mit jedem und allem, was ihr im Leben begegnete. Gleichzeitig fühlte sie sich in ihrer Haut nicht wohl. Sie war unzufrieden mit sich. Sie war lebensmüde, weil sich ihre Tage seit vielen Jahren so schwer und mühevoll anfühlten. Nach mehreren Operationen und einem schmerzlichen Verlust in der Familie drohte ihre Lebensenergie zu versiegen. Sie war gefangen in negativen Gedanken über sich und die Welt. Bei zwischenmenschlichen Spannungen am Arbeitsplatz, in Freundschaften oder in der Familie erlebte sie sich meist als Opfer. Sie wünschte sich eigentlich mehr Verständnis aus ihrem Umfeld und vor allem mehr Lebensfreude. Doch sie war ratlos, was sie für die Erfüllung dieser Wünsche tun könnte.

Der jungen Frau wurde nach und nach klar, dass es an der Zeit war, etwas in ihrem Leben zu ändern. In diesem unangenehmen Zustand wollte sie schlicht nicht mehr weiterleben. Gleichzeitig hatte sie Angst, die nötigen Veränderungen in ihrem Leben anzugehen. «Was bleibt mir dann noch, wenn ich die Kontrolle in meinem Leben loslasse? Werden sich meine Familie und meine Freunde von mir abwenden? Was passiert, wenn ich keine Lösung finde?»

Körper und Geist brauchten Erholung von den Strapazen der letzten Jahre. Die junge Frau entschied sich deshalb, im Rahmen einer begleiteten Fastenwoche zur Ruhe zu kommen. Auf dem Weg zum Seminarort wäre sie am liebsten umgekehrt. Sie war noch nie im Leben ohne feste Nahrung und hatte grosse Angst vor dem Hunger. Doch jetzt gab es kein Zurück mehr.

Am ersten Tag stand eine Darmreinigung auf dem Programm. Die junge Frau bekam starke Kopfschmerzen und bis zum Abend war ihr speiübel. Sie fühlte sich schrecklich. In diesem Zustand war an die Flucht nach Hause nicht zu denken. Sie war ausser Gefecht. So blieb sie wohl oder übel vor Ort. Der Seminarleiter erforschte mit ihr in den kommenden Tagen sehr achtsam, was die heftige körperliche und emotionale Entgiftungsreaktion mit ihrem aktuellen Leben zu tun haben könnte. Die junge Frau wurde konfrontiert mit ihrer tiefliegenden Ablehnung gegenüber sich selbst. Sie fühlte zum ersten Mal in ihrem Leben, dass sie als Kind nicht «falsch» war. Tränen kullerten über ihre Wangen, als sie hörte:

«Du bist liebenswert, genauso wie du bist.»

Ab dem dritten Tagen legten sich die körperlichen Symptome. Am Tag der Abreise war die junge Frau voller Vertrauen und fühlte sich wie neu geboren. Sie hatte am eigenen Leib erfahren, dass nur das bewusste Zulassen von Körperempfindungen und Gefühlszuständen zu nachhaltiger Entspannung führt – und der Kampf gegen etwas nur zu mehr Druck oder Stress. Die junge Frau nahm sich fest vor, nun auch im Alltag mit sich und der Welt liebevoller und gelassener umzugehen. Sie fühlte die Brücke zum eigenen Herzen wieder und ahnte, dass dies erst der Anfang eines ehrlichen Weges zurück zu sich selbst war.

Warum erzähle ich dir diese Geschichte?

Weil ich diese Frau bin.

Ich habe dieses Buch geschrieben, damit du weisst, dass du auf deinem Weg nicht allein bist, auch wenn die Zeiten für dich vielleicht gerade sehr anspruchsvoll sind. Du darfst darauf vertrauen, dass du dein Leben zum Besseren wenden kannst.

Du fragst dich, wie das gehen soll?

Indem du dich dazu entscheidest, die Verantwortung für dein Glück selbst in die Hand zu nehmen.

Du denkst vielleicht: «Einfacher gesagt als getan.» Oder: «Ich kann nicht nur an mich denken, ich habe Verantwortung für meine Kinder oder den Betrieb.» Oder: «Ich habe keine Zeit herauszufinden, was mich glücklicher macht.» Oder: «Jetzt ist nicht der richtige Zeitpunkt, etwas in meinem Leben zu verändern, es ist mir sowieso gerade alles zu viel.»

Oder, oder, oder …

Doch du nimmst dir gerade Zeit, diese Zeilen zu lesen. Damit tust du bereits jetzt etwas für dein Glück. Ich gratuliere dir dazu.

Lass uns nun ein Stück Lebensweg gemeinsam gehen. Es ist mir eine Ehre, dich durch die Kapitel dieses Buches zu führen.

Es gelang mir, meine Lebensqualität massiv zu verbessern, weil ich daran glaubte und bereit war, mich mit meinen unschönen Eigenschaften auseinanderzusetzen. Und wenn ich das schaffte, kannst du das auch. Ich kämpfte mich viele Jahre völlig frustriert und oft ratlos durchs Leben. Trotz Freundschaften und meiner Familie fühlte ich mich oft einsam und kraftlos. Ich haderte damit, dass es das Leben nicht gut meinte mit mir. Beruflich und privat leistete ich immer mehr und konnte mich gleichzeitig nicht über die erzielten Erfolge oder Wertschätzung aus meinem Umfeld freuen. Ich orientierte mich an den Erwartungen, die von aussen an mich gestellt wurden, und stellte meine eigenen Bedürfnisse hinten an. Wie meine Geschichte zeigt, führte all das dazu, dass ich mich in bestimmten Situationen (unbewusst) schlicht unausstehlich verhielt. Und später schämte ich mich abgrundtief dafür.

Doch das Jahr 2017 brachte die Wende in meinem Leben. Ich erkannte, dass ich meine Gefühle über Jahre vernachlässigt und mein Leben aus dem logischen Verstand und nach unbewussten Glaubenssätzen gelebt hatte. Die Stimme meines Herzens wollte und konnte ich nicht hören. Mir wurde klar:

Nicht andere hatten mich verletzt oder enttäuscht, sondern das tat ich mir selbst an.

Eine schmerzliche Einsicht. Ich versprach mir, der inneren Stimme ab sofort die grösste Bedeutung zu schenken und nicht mehr dem, was mein Kopf «durchsetzen» wollte. Auch wenn ich keine Ahnung hatte, wie mir das gelingen sollte.

Doch die ehrliche Entscheidung war der erste Schritt, um die Brücke zwischen meinem Kopf / meinen Gedanken und meiner Herzensstimme / meinen Gefühlen wieder zu stabilisieren.

Während der Ausbildung zum «Coach für ganzheitliche Selbsterkenntnis» stellte ich mich den unangenehmsten Wesenszügen in mir. Glaube mir, das war ein unromantischer Weg. Doch so lernte ich, die Genialität meines Verstandes zu nutzen, während mich mein Herz durchs Leben führt.

Die in den letzten Jahren gewonnenen Erkenntnisse sind zahlreich. Trotzdem erlebe ich mich weiterhin als Schülerin des Lebens. Die

Reise zu mir selbst geht weiter. Täglich übe ich durch Menschen oder Situationen, die mich herausfordern, etwas über mich zu lernen.

Wie das auch dir gelingen kann, erfährst du in den nachfolgenden Kapiteln. Auch der konstruktive Umgang mit körperlichen Symptomen oder Schmerzen gehört dazu.

«Wische zuerst vor deiner eigenen Tür!»

Diese Redewendung wird in diesem Buch lebendig. Damit läuft die Ausrede, Lebensumstände für Schwierigkeiten verantwortlich zu machen, ins Leere.

Dein Verstand ahnt es: Gewisse Inhalte in diesem Buch könnten dein Weltbild auf den Kopf stellen. Stell dir einfach vor, dass du während dem Lesen zu Gast bei dir selbst bist.

Bist du zu Hause? Öffnest du dir die eigene Türe?

Wenn ja, lade dich gerne ein zu einer guten Tasse Tee. Mach es dir gemütlich und hör zu, was dir dein Herz zu erzählen hat.

Wagst du den ersten Schritt?

Du bist in deinem Leben in verschiedene Rollen eingebunden. Du gehst vielleicht einer Arbeit nach, welche dir *eigentlich* gefällt, du lebst mit dem passenden Partner zusammen, ihr habt womöglich wunderbare Kinder, die ihr begleiten dürft. Trotzdem fühlst du dich an gewissen Tagen leer. Du ahnst vielleicht, dass irgendetwas Wichtiges fehlt in deinem Leben. *Doch was könnte das sein?*

Vielleicht denkst du manchmal, dass du mit mehr Geld auf dem Konto entspannter Leben könntest. Doch Geld wächst bekanntlich noch nicht auf Feldern. *Bist du es dir trotzdem wert, jetzt «Zeit» in dich zu investieren, um der Stimme deines Herzens zu lauschen?* Blicke einmal durch den Spiegel der Zeit: *Wie siehst du im Alter aus? Wie fühlst du dich? Bist du glücklich, wenn du auf dein Leben zurückblickst?*

Es wäre schade, dein Wohlbefinden auf «bessere Zeiten» zu verschieben mit welchen Ausreden auch immer. Es ist völlig egal, wo du jetzt gerade stehst in deinem Leben. Meine Absicht ist es, dir in diesem Buch Möglichkeiten zu zeigen, die auch dein Leben bereichern können. Denn ich finde, du hast *jetzt* ein grossartiges Leben verdient! Harmonische Beziehungen und nährende Freundschaften stehen dir zu. Was gibt es Schöneres, als das Leben gemeinsam zu geniessen und Glück zu teilen. Doch du kannst nur für andere da sein, wenn du zuerst für *dich* da bist.

Ich den nachfolgenden Kapiteln findest du Ideen, mit denen du dein Wohlbefinden augenblicklich verbessern kannst. Ich verrate dir auch, was du tun kannst, um deine Lebensqualität langfristig zu erhöhen. Komm gerne mit auf diesen Weg. Du hast mit Sicherheit nichts zu verlieren und kannst nur gewinnen. Nimm mit, was dir sinnvoll erscheint, und lass weg, was dich nicht anspricht. Geh in deinem Tempo durch die Kapitel. Du wirst schrittweise neue Handlungsmöglichkeiten in deinem Leben erkennen. Die Entscheidung liegt dann bei dir, neue Wege tatsächlich auch zu gehen.

In Teil 1 dieses Buches zeige ich dir in 7 Schritten, wie du die Brücke zu **DIR** – von deinem **Verstand** zu deinem **Herzen** – stärken kannst. Der Weg zu mehr innerer Freiheit führt dich vom Denken zum Fühlen im Körper. Dadurch lernst du, liebevoller mit dir selbst umzugehen. So werden deine Beziehungen automatisch wertschätzender. Damit steigerst du nicht nur die Lebensqualität für dich selbst, sondern auch in deiner Familie. Und wenn du entspannter mit dir und deinen Liebsten umgehen kannst, wird dies auch dein Umfeld wahrnehmen.

In Teil 2 des Buches geht es um die Brücke in dein **LEBEN**. Du hast die Möglichkeit, ehrlich hinzuschauen, wie es um deine aktuelle Lebensqualität in 7 zentralen Lebensbereichen steht. So siehst du schnell, wo es Handlungsbedarf gibt und was du *brauchst*, um wirklich *genährt* zu sein. Du kannst dich dann entscheiden, ob und was du in dem jeweiligen Lebensbereich verändern möchtest. Im entsprechenden Kapitel findest du Impulse, die dir konkret mehr Entspannung oder Wert bringen können.

Dein Mut, bei dir selbst genauer hinzuschauen, wird bald mit mehr Wohlgefühl belohnt. Du kannst dich immer mehr so annehmen, wie du bist. Gleichzeitig versuchst du auch weniger, andere Menschen zu verändern. Wenn jeder Einzelne bereit ist, die Verantwortung für sein eigenes Leben in die Hand zu nehmen, ist es schlussendlich möglich, dass die Welt insgesamt zu einem angenehmeren Ort wird. Davon bin ich fest überzeugt.

In Teil 3 des Buches gehst du entschlossen auf das zu, was du brauchst, um zu wachsen. Ich erinnere dich daran, welche Wegbegleiter dir zur Verfügung stehen. Du musst nicht alles allein machen.

Nur wer den Samen rechtzeitig in den Boden bringt und das Pflänzchen pflegt, kann schliesslich ernten.

Wir blicken darauf, was es bedeuten könnte, im Einklang mit der inneren und äusseren Natur zu leben. Eine gesunde Zukunft entfaltet sich durch eine starke Verbundenheit zum eigenen Herzen und im ehrlichen Austausch zwischen Menschen: Die Brücke zum **WIR**. Der lebendige Dialog zwischen Konsumentinnen und Konsumenten sowie den produzierenden Bauernfamilien braucht auch dich. Stell dir vor, du stehst im Laden und alle Lebensmittel sind ausverkauft. *Was tust du dann?* Ohne gesunde Lebensgrundlagen wird die Menschheit vermutlich nicht überleben. Deshalb haben die Bauernfamilien in deinem Umfeld eine wichtige Aufgabe. Gegenseitiges Interesse und Verständnis lässt uns als Gemeinschaft wachsen.

Egal ob du Bezug zur Landwirtschaft hast oder nicht. Dieses Buch ist für alle Menschen, die bereit sind, Verantwortung im eigenen Leben zu übernehmen:

Nimmst du jetzt die Herausforderung an, dir, deiner Familie und deinem Umfeld auf den kommenden Seiten ehrlich zu begegnen?

Dein «Ja!» freut mich sehr.

Ich gebe dir gerne eine kleine Anleitung, bevor unsere Reise beginnt.

Reiseanleitung

Es kann sein, dass dein Verstand mit Dingen, die in diesem Buch stehen, nichts anfangen kann. Das ist okay. Wenn du magst, formuliere jetzt die Absicht, dieses Buch mit deinem Herzen zu lesen. So erreicht dich auch das, was zwischen den Zeilen steht. Du kannst das Buch auch spielerisch lesen. Schlage es einfach zufällig auf und lies, was auf der entsprechenden Seite steht, oder geh direkt zu einem Kapitel, das dich besonders interessiert. Die jeweilige Botschaft könnte für dein aktuelles Leben besonders interessant sein.

Wenn du dich bereits mit den Themen Persönlichkeitsentwicklung und Selbsterkenntnis beschäftigst, sind gewisse Inhalte vielleicht nicht wirklich neu für dich. Dennoch wirst du vermutlich Aspekte entdecken, die dir in dieser Kombination noch nie begegnet sind. Spätestens in Teil 3 dieses Buches.

Zu den Themen der einzelnen Kapitel wurden bereits viele Bücher geschrieben. Ich erfinde das Rad nicht neu. Vielmehr möchte ich dir entlang meiner Erkenntnisse der letzten Jahre einen gangbaren WEG in drei Teilen zeigen: **Wagen** (Teil 1), **Erkennen** (Teil 2) und **Gehen** (Teil 3). Als ich am Anfang meiner Bewusstseinsentwicklung stand, hangelte ich mich durch einen dichten Dschungel von Informationen und Ansätzen. «Umwege erhöhen die Ortskenntnis.» Schon klar. Doch dieses Buch kann für dich womöglich eine *Abkürzung* sein, weil es die ehrliche Essenz meiner persönlichen Erfahrungen enthält. Und falls du am Ende des Buches tiefer in die Materie eintauchen möchtest, findest du dort Literatur von Autoren, die ich sehr schätze.

Das Lesen von Büchern ist Inspiration. Doch es führt kein Weg daran vorbei, dass du die gewünschten Veränderungen in deinem Leben dann auch umsetzt. Du allein bist für dein Glück verantwortlich. Natürlich kannst du dich dabei auch begleiten lassen. Du wirst die passende Begleitung oder Unterstützung für dich finden, wenn du dich von deinem Herzen führen lässt. Achte darauf, dass die Person lebt, was sie lehrt. Wenn sich ihre Worte in deinem Herzen *wahr* anfühlen, dann bist du an der richtigen Adresse.

Beim Lesen des Buches bietet es sich an, Stift und Notizheft bereitzuhalten. Natürlich kannst du deine Erkenntnisse oder Ideen auch in deinem Tagebuch notieren, falls du eines führst. Aus der Hirnforschung ist bekannt, dass wir Veränderungen in unserem Leben viel einfacher umsetzen können, wenn wir diese von Hand aufschreiben. So sind beide Hirnhälften aktiv: das logische Denken (links) und das intuitive Fühlen (rechts). Zudem machst du mit deiner Handschrift das, was du möchtest, sichtbar. Denn nur auf etwas «Sichtbares» kannst du auch bewusst zugehen.

Teil 1 – Wage die ersten Schritte

«Was keiner wagt, das sollt ihr wagen
was keiner sagt, das sagt heraus
was keiner denkt, das wagt zu denken
was keiner anfängt, das führt aus.

(…)

(…)

Lothar Zenetti

Die Brücke zu DIR

«Wenn mein Kopf es sich ausdenken kann und mein Herz daran glauben kann, dann kann ich es auch erreichen.»

Muhammad Ali (1942–2016), Boxweltmeister

Auf meinem Weg sind mir in den letzten Jahren Menschen begegnet, denen es auch in hektischen Situationen gelingt, die Ruhe zu bewahren. Damals wäre ich noch nicht in der Lage gewesen, gelassen zu bleiben, wenn etwas nicht planmässig läuft, oder «Stopp» zu sagen, wenn mir etwas zu weit geht. Bei näherer Betrachtung des Verhaltens dieser Menschen fielen mir vor allem drei Dinge auf: Erstens, sie machten keine grosse Sache daraus, wenn etwas nicht klappte, und sie behielten den Humor. Zweitens, sie redeten in einer Art und Weise, die weder vorwurfsvoll noch angriffig klang. Drittens erlaubten sie sich, über etwas zu «schlafen», statt direkt eine Antwort zu geben oder eine Entscheidung zu treffen. Diese Menschen wirkten auf mich *ehrlicher* und mehr im *Einklang* mit sich selbst als die meisten anderen, die ich kannte. Auf die Frage, was ihr Geheimnis sei, hörte ich oft: «Ich tue einfach, was sich für mich stimmig anfühlt». Oder: «Es bringt niemandem etwas, wenn ich mich aufrege.» Klingt gut, dachte ich, «doch wie schaffe ich es, auch so zu denken und zu sprechen?»

Ich sehnte mich nach einem Patentrezept. Ich wünschte mir eine einfache Methode. Ich wünschte mir jemanden, der mir sagte, was ich tun sollte, damit mein Leben endlich einfacher würde. Doch meistens kommt es anders als wir *wollen*. Das Leben bringt uns oft genau das, was wir für unsere persönliche Entwicklung *brauchen*.

So blieb mir nichts anderes übrig, als selbst herauszufinden, was mir mehr innere Freiheit und Lebensqualität ermöglicht. Ich hatte das Glück, Lehrern und Lehrerinnen zu begegnen, die mich immer wieder liebevoll, doch sehr bestimmt, auf mich selbst zurückwarfen. So gelang es mir nach und nach, das, was mein Verstand *will*, und das was mein Herz *fühlt*, in Einklang zu bringen.

Die «**Kopf** – **Herz** – **Brücke**» symbolisiert diese innere Balance. Die Verbindung vom Denken zum Fühlen, was im Körper und im Herzen *lebendig* ist. Die Brücke zu dir selbst ist die Basis für ein harmonisches Leben. Sie kann gemäss meiner persönlichen Erfahrung in 7 Schritten gestärkt werden. Gerne teile ich diese Aspekte in den nachfolgenden Kapiteln mit dir.

Schritt 1: Gedanken beobachten

*«Viel Leid und viel Unglück entstehen, wenn Du jeden Gedanken,
der dir durch den Kopf geht, für die Wahrheit hältst.»*

Eckhart Tolle, Spiritueller Lehrer

Fühlst du dich manchmal gestresst?
Dann bist du in bester Gesellschaft. Heute weiss bereits jedes Schul-
kind, wie sich Stress anfühlt. Der moderne Mensch scheint nicht
gefeit zu sein vor (Leistungs-)Druck. Die Zeit rennt vielen buchstäblich davon. Sie hetzen von A nach B und befinden sich bewusst
oder unbewusst im berühmten Hamsterrad. Jemanden zu treffen,
der sich in seinem Leben nicht gestresst oder unter Anspannung
fühlt, ist demgegenüber eher eine Ausnahme. Zudem kann der eigene Anspruch, «alles unter einen Hut» bringen zu wollen, zu Über-
forderung führen.

Was dich auf die Palme bringt, lässt mich gelassen lächeln und umgekehrt. Das bedeutet, dass Stress in unserem Denken durch die Bewertung entsteht, ob wir uns einer bestimmten Situation gewachsen
fühlen oder nicht.[1] Stress entsteht, wenn du «hier» bist, während du
eigentlich schon «dort» sein möchtest. Stress ist nicht per se negativ, sondern kann auch motivierend wirken und dich zu Höchstleistungen bringen. Wie alles im Leben ist auch Stress eine Frage der
Dosis. Negative Auswirkungen auf die Gesundheit haben Belastungen nur, wenn diese in hoher Intensität über eine längere Zeit an-
halten und keine Aussicht auf Entlastung besteht.

> Für den erfolgreichen Umgang mit anspruchsvollen
> Situationen ist unser Denken zentral.

So entstehen Gedanken

Die Begriffe «Kopf» und «Verstand» werden in diesem Buch als gleichbedeutend verwendet. Die Energie in unserem Kopf besteht vereinfacht gesagt aus unseren Gedanken. Mit dem Gedankenstrom verarbeitet unser Gehirn Informationen und leitet diese über die Nervenzellen weiter. Die Nervenverbindungen in unserem Gehirn sehen wie eine Landkarte aus. Es gibt Autobahnen, Hauptstrassen, Nebenstrassen und kleine Trampelpfade. Je öfter wir das gleiche denken, desto breiter ist ein Weg auf der inneren Landkarte. Die Autobahnen in unserem Kopf beeinflussen massgeblich, wie wir sprechen und gewohnheitsmässig handeln. Die Hauptverkehrsachsen in unserem Kopf lassen uns mehrheitlich positiv oder negativ denken. Sie entscheiden darüber, ob wir das Glas als halb voll oder halb leer wahrnehmen.

Das Denken geschieht bei den meisten Menschen grösstenteils automatisch und wiederholt sich ständig. Die Hirnforschung geht davon aus, dass wir pro Tag rund 60'000 Gedanken denken. Nur ca. 3'000 Gedanken, also etwa 5 %, sind neu. Mit den Worten von Eckhart Tolle[2] gesprochen:

> «Das Denken widerfährt uns einfach, genauso wie unser Blut von allein im Körper zirkuliert.»

Das Hirn hat die Funktion, aus Erfahrungen der Vergangenheit und der aktuellen Situation eine mögliche Zukunft abzuleiten. Gedanken entstehen also vereinfacht gesagt, weil das Hirn ständig mit dem Körper und der Aussenwelt im Austausch ist. Demnach entstehen Gedanken auch durch äussere Reize, die auf unsere Sinne treffen. Was wir *sehen, hören, riechen, schmecken* und *fühlen*, weckt Erinnerungen oder erschafft neue Erfahrungen. So entstehen schlussendlich unsere *Glaubenssätze* und *Denkmuster*. Das Gehirn hat zu jedem Thema solche «Vorurteile» und «mentale Abkürzungen», um die tägliche Flut von inneren und äusseren Informationen überhaupt bewältigen zu können.[3]

Neue Gedanken denken

Um mit einer anspruchsvollen Situation sinnvoll umzugehen, dienen uns hilfreiche Glaubenssätze und Denkmuster. Albert Einstein soll gesagt haben, dass Probleme niemals mit derselben Denkweise gelöst werden können, mit der sie entstanden sind. Deshalb ist es nützlich zu beobachten, welche Gedanken bestimmte Themen in dir auslösen. So bist du später in der Lage, bewusst neue Gedankenpfade zu «trampeln», um gewünschte Veränderungen in deinem Leben anzustossen. Dafür kannst du jetzt bereits etwas tun. Fasse folgende Absicht:

«Ich beginne ab sofort, meine Gedanken zu beobachten.»

Auch wenn du nicht weisst, wie das geht: Bereits die bewusste Entscheidung dazu lenkt deine Aufmerksamkeit. Praktischerweise kannst du gleich beim Lesen dieses Buches üben, dich selbst zu beobachten: Wenn du etwas liest, mit dem du nicht einverstanden bist oder das dir fremd vorkommt: schau einfach, welche Gedanken dies in dir auslöst.

In den letzten Jahren habe ich gelernt, meinen Verstand zu beobachten. Erstaunlich, wie viele (kritische) Stimmen im Kopf erzählen, was zu tun oder zu lassen sei.

Ist dir auch schon mal aufgefallen, dass «eine Stimme» in deinem Kopf alles kommentiert, was du gerade machst? Wünschst du dir manchmal, dein «Gedankenkreisen» einfach abschalten zu können?

Das würde jedoch nichts bringen. Je mehr wir «Gedankenwolken» weghaben wollen, desto mehr Gedankenenergie fliesst in sie hinein. Mir hilft es, meine Gedanken einfach mit diesem Satz zu begrüssen:

«Aha, interessant!»

Je öfter du automatische Gedankenmuster auf diese Art bemerkst, desto mehr entwickelst du die Fähigkeit zur **Selbstbeobachtung** und desto weniger «denkt es» mit dir unkontrolliert. Es ist wie im Sport: das Muskelwachstum erfolgt, wenn neue Reize regelmässig sinnvoll gesetzt werden. Und dazu lade ich dich ein.

«Trainiere ab sofort deinen Selbstbeobachtungs-muskel.»

Am besten spielerisch und mit viel Humor. Dazu ein Beispiel aus meinem Leben.

Die rote Ampel

Situationen, in denen ich warten muss, sind für mich manchmal sehr unangenehm. Dieses Unbehagen breitete sich in mir bis vor kurzem jedoch *unbewusst* aus. Bis ich am Steuer meines Autos bei einer roten Ampel erkannte, wie viel Widerstand diese Situation, «das Warten», im mir auslöst. Ständig schaute ich auf das Rotlicht und ersehnte das Umspringen auf Orange und schliesslich Grün. Da fiel mir der Satz ein: *Aha, interessant!* Ich fragte mich gleich: «Weshalb bringt mich die rote Ampel jetzt gerade dermassen aus der Ruhe?» Ich erkannte, dass ein Teil in mir keine Zeit vergeuden möchte mit Warten, weil mir diese dann später für etwas fehlen könnte. Okay. Offenbar ist Zeitmangel für mich ein Thema. Ich möchte vieles tun und habe die Befürchtung, nicht genug Zeit dafür zu haben. Eine zündende Erkenntnis! Ich beschloss, künftig mit Wartezeiten sinnvoller umzugehen. Das heisst, ich will mich in Zukunft daran erinnern:

Warten ist geschenkte Zeit, in der ich nichts tun muss.

So gesehen verordnet mir das Leben beim Warten eine Pause. Eine Möglichkeit, einmal tief durchzuatmen und in der Gegenwart anzukommen. Geduld lernen wir nur im Jetzt. Weiter habe ich die tiefere Botschaft verstanden:

> Gewinne Zeit durch weniger Ablenkung und widme sie Dingen, die dich nähren.

Ablenkungen wie unkontrolliertes «Surfen» im Internet oder in den sozialen Medien frisst viel Zeit. Genau jene Minuten, die dir vielleicht manchmal fehlen. Du findest sicher schnell heraus, was dich in deinem Leben davon ablenkt, das zu tun, was dich vorwärtsbringt und erfüllt.

Gewohnheiten beeinflussen

An was denkst du so den lieben langen Tag? Welche Geschichten erzählst du dir innerlich? Tun dir deine Gedanken gut?

Wenn du magst, kannst du ein leeres Blatt an die Vorderseite eines Schranks kleben, den du häufig öffnest. Auf der linken Seite des Blattes notierst du Dinge, die dich stressen oder runterziehen. Auf der rechten Seite notierst du Dinge, die dir guttun. So hast du die Möglichkeit, deine Denkmuster, also deinen Glauben zu einem Thema, zu erweitern oder zu ändern, indem du die entsprechende Situation mit etwas in Verbindung bringst, das dir guttut. Erinnere dich dabei an das Beispiel mit der roten Ampel:

> Warten = geschenkte Zeit zum Pausieren und Durchatmen.

Können Gewohnheiten, die seit Jahrzehnten bestehen, verändert werden?

Ja. Im Prinzip genau gleich wie oben erwähnt. Du ersetzt das, was du verändern möchtest, durch eine sinnvollere Alternative. Da die festgefahrene Gewohnheit in deinem Gehirn wie ein Gewirr von

Autobahnen aussieht, müssen für eine neue Gewohnheit erst einmal Trampelpfade gespurt werden. Vielen Menschen gelingt es bereits in rund 21 Tagen, eine neue Angewohnheit zu etablieren. Lässt du drei Wochen den Kaffee weg und trinkst stattdessen eine Alternative deiner Wahl, ist die Wahrscheinlichkeit relativ gross, dass du die neue Gewohnheit verankert hast.

Die einfachste Möglichkeit, nicht-dienliche Gewohnheiten loszulassen, ist aus meiner Erfahrung das Saftfasten oder die Teilnahme an einem Seminar, jenseits des gewohnten Alltags. Ohne die ständige Berieselung mit Informationen kommen Körper und Geist zur Ruhe. Mehr dazu erfährst du in Teil 2 des Buches (→ Bereich Gesundheit). Doch zunächst gehen wir den nächsten Schritt zusammen, «der dich vom Kopf in den Körper bringt». Dort, wo unsere Gefühle wohnen.

Was du mitnehmen kannst:

Zum Mitnehmen

> ### *Gedanken sind die Bausteine der «Kopf – Herz – Brücke»*
>
> *Entscheide dich, deine Gedanken im Alltag bewusst zu beobachten. Wenn du einen automatischen, destruktiven Gedanken bemerkst, begrüsse ihn mit: «Aha, interessant!»*
>
> *Notiere, was dich aktuell im Leben stresst oder nährt. So erweiterst du deine Sicht auf ein Thema. Spiele damit, Dinge, die sich schwer anfühlen, mit Dingen zu verbinden oder zu ersetzen, die dir guttun.*

Diese Dinge stressen mich:	*Diese Dinge tun mir gut:*
...	...

Schritt 2: Gefühle fühlen

«Fühlen ist die Abkürzung. Wenn du fühlst, brauchst du nie wieder denken.»

Stefan Hiene, Aufwachmediziner

«Du brauchst keine Angst zu haben», hörten wir in unserer Kindheit oft. Oder nach dem Sturz aufs Knie: «Das ist nicht so schlimm.» Oder: «Hör auf zu weinen, du bist doch schon gross.» Oder: «Sei nicht so laut. Was denken denn die Leute!»

Das waren und sind gut gemeinte Sätze von Erwachsenen. Doch sie führen dazu, dass wir unsere Gefühle oft unterdrücken, damit sie uns oder andere nicht «stören». Die gute Nachricht ist:

> Wir können jederzeit im Körper *fühlen*, was eine Situation in uns auslöst.

Emotionen und Gefühle

Nachdenken über Gefühle und Fühlen der Gefühle sind zwei verschiedene Paar Schuhe. Ich habe viele Jahre *gedacht*, dass ich *fühle*, und mich gleichzeitig gewundert, dass ich selten berührt war. Das fiel mir erst auf, als ich Empfindungen wirklich im Körper wahrnahm.

> Wer verlernt hat, die Gefühle zu fühlen, *denkt*, dass er *fühlt*.

Die Sache mit dem Fühlen ist also für viele Erwachsene einfacher gesagt als getan. Zur Verwirrung trägt bei, dass die Worte «Emotion» und «Gefühl» im Sprachgebrauch meistens nicht differenziert werden. Doch es bestehen wesentliche Unterschiede.

Gefühle tappen spontan ins Wohnzimmer wie ein Hundewelpe, der uns jetzt gerade mit grossen Kulleraugen anschaut.

Wenn wir Gefühle nicht zulassen und dadurch *verdrängen*, entstehen Emotionen.

Emotionen beeinflussen das Verhalten unbewusst. Sie können dazu führen, dass wir etwas verschweigen.

Alle unterdrückten Gefühle wandern in einen Dampfkochtopf im Unterbewusstsein.

Hast du es auch schon mal erlebt, dass jemand aus deiner Familie gerade noch friedlich wirkte, bis etwas Harmloses passierte, das ihn vor Wut förmlich «explodieren» liess?

Das kann geschehen, wenn der Druck unter dem «Emotionsdeckel» zu gross wird. Dann «explodiert» ein Mensch scheinbar aus heiterem Himmel, ohne böse Absicht. Es *geschieht* mit ihm.

Zur Unterscheidung von Emotionen und Gefühlen erscheint mir der Ansatz von Diana und Michael Richardson als hilfreich, den sie im Buch «Zeit für Gefühle» beschreiben.

Emotionen beschuldigen gern und sagen: *«Immer machst du ...»* oder *«Du bist schuld, dass ...»*. Emotionen sind Gegensätze und wirken trennend. Sie ermüden und machen uns eng. Sie verstärken das Denken oder werden durch Denken ausgelöst.

«Negative, gesundheitsschädliche Emotionen äussern sich als Unglücklichsein.»

Gefühle übernehmen demgegenüber Verantwortung uns sagen: *«Ich fühle ...»* oder *«ich brauche ...»*. Gefühle stärken das Herz und machen uns weit. Wahre Gefühle sind Seins-Zustände und haben kein Gegenteil. Sie nähren und verbinden. Sie entspringen aus unserem Wesenskern als die Liebe, die Freude und der Friede.[4]

Sinnvoll Fühlen

Wie können wir konstruktiv mit Gefühlen umgehen?

«Fühl das Gefühl, solange es in deinem Körper wahrnehmbar ist.»

Oft *entspannt* sich eine Körperempfindung innert Sekunden oder verschwindet wie von Zauberhand, wenn wir sie bewusst wahrnehmen und einfach da sein lassen.

Gefühle sind wie kleine Kinder, die unsere Aufmerksamkeit suchen. Sie schreien so lange, bis wir uns um sie kümmern.

Deshalb ist es hilfreich zu lernen, die inneren «Gefühlskinder» so liebevoll wie möglich zu behandeln. Wenn du sie wegsperrst, können sie zu emotionalen «Monstern» werden. Du schliesst sie ein, wenn du unbewusst mit einer Situation im Widerstand bist. Ich gebe dir gerne ein paar Bespiele, wie es dir gelingt, im Zustand des *bewussten* Fühlens zu bleiben.

Praktische Impulse

1. Am Telefon

Angenommen, du hattest gerade ein anspruchsvolles Telefonat. Nach dem Aufhängen glüht der Hörer. Vielleicht denkst du: «Die Person ist nur am Jammern, ich kann es nicht mehr hören. Das nächste Mal nehme ich den Hörer gar nicht mehr ab.» Beobachte diese Gedanken. Antworte innerlich: «Aha, interessant!» So lässt du die Gedanken einfach da sein. Nun fühlst du, was die Situation im Körper auslöst.

Nimmst du irgendwo eine enge oder eine Schwere wahr? Zum Beispiel in der Herzgegend? Oder ist da ein «Kloss» im Hals? Sind die Schultern angespannt?

Falls du die Augen schliessen möchtest:

Nimmst du in deinem Körper Farben wahr?

Weitere Möglichkeiten:

Fühlt sich ein Körperteil warm oder kalt an? Zieht sich dein Bauch zusammen? Kribbelt oder juckt es irgendwo?

Und so weiter ...

> «Fühle erst dein Gefühl im Körper. Antworte danach.
> Falls es dann noch notwendig ist.»[5]

2. Bitte Lächeln

Wenn du gleich üben magst, kannst du jetzt die Mundwinkel nach oben ziehen. Ich bin sicher, das sanfte Lächeln verändert augenblicklich etwas in deiner Wahrnehmung. *Stimmt's?* Tja, jedes Lachen ist ein Erfolg. Zudem ist Lachen bekanntermassen ansteckend. Probiere es gerne aus auf deinem nächsten Spaziergang. Lächle die Personen an, denen du begegnest. Und beobachte, was geschieht.

3. Unter die Dusche

Eine andere Möglichkeit, Körperempfindungen bewusst wahrzunehmen, ergibt sich beim Duschen, wenn du dich am Schluss kalt abbraust und nachspürst. Kaltes Wasser ist sehr *ehrlich*. Es holt uns augenblicklich in den jetzigen Moment: raus aus Gedanken an gestern oder morgen. Zudem ist allgemein bekannt, dass Wechselduschen sehr gesund sind (zum Beispiel nach am Ansatz von Kneipp).

4. Gedanken umdrehen

Du kannst auch damit spielen, einen Gedanken umzudrehen und daraus eine Frage an dich zu formulieren. Also zum Beispiel vom Gedanken «Die Person ist aber unfreundlich» hin zur Frage:

Welcher Aspekt an dieser Person fühlt sich für mich unfreundlich an? Wann bin ich unfreundlich?

Nun fühlst du, was die neue Perspektive in dir auslöst.

5. Mach nichts Falsches draus

Gefühle wollen nichts Böses – egal, ob wir sie *Angst*, *Trauer*, *Wut* oder *Einsamkeit* nennen. Es wäre schade, aus Gefühlen etwas «Falsches» zu machen.

> «Beginne deine Gefühle ab sofort zu bemerken und gleich zu fühlen.»

Auch wenn du nicht weisst wie. Erinnere dich: Bereits die bewusste Entscheidung dazu, *Gefühle zu fühlen*, lenkt deine Aufmerksamkeit.

6. Schüttle dich

Wenn du in einer anspruchsvollen Situation emotional reagiert hast: Bewege deinen Körper. *Be in motion*, wie es auf Englisch so schön heisst. Geh laufen an der frischen Luft, tanze durch die Wohnung oder verzieh dich zur Not kurz aufs «stille Örtchen» und schüttle dich dort kräftig durch. Nichts anderes tut nämlich ein Tier nach einem heftigen Erlebnis. Es schüttelt die angestaute Energie aus dem Körper, damit keine Blockade entsteht. Mit diesem Trick kannst auch du verhindern, dass Emotionen im Körper gespeichert werden und irgendwann unkontrolliert auf einen Gesprächspartner prallen.

7. Kinder begleiten

Besonders im Umgang mit Kindern lohnt es sich, Gefühle zu *fühlen* und diese nicht zu unterdrücken. Kinder nehmen Emotionen nämlich unbewusst wahr und bekommen Angst. Es ist sinnvoll, bereits mit kleinen Kindern offen über Gefühle und Emotionen zu sprechen. «Ich bin gerade genervt» oder «ich fühle mich gerade überfordert» zu sagen, bedeutet Verantwortung für sich zu übernehmen. So können auch unterdrückte Gefühle *heilen*. Und wir sind ein sinnvolles Vorbild für unsere Kinder. Sie lernen, dass Gefühle okay sind und nicht unterdrückt werden müssen. Gleichzeitig können wir Kinder dabei begleiten, durch Bewegung aus emotionalen Zuständen zu kommen.

Im nächsten Kapitel erfährst du, wie du auch deinen inneren Dialog in anspruchsvollen Situationen dienlich gestalten kannst.

Was du mitnehmen kannst:

Zum Mitnehmen

> ### Gefühle verbinden die Bausteine der «Kopf – Herz – Brücke»
>
> *Entscheide dich, deine Gefühle ab sofort zu bemerken und gleich zu fühlen. Fühl das Gefühl, solange es in deinem Körper wahrnehmbar ist.*
>
> *Wenn du emotional bist: Bewege deinen Körper oder schüttle dich. So kann die Energie in deinem Körper fliessen und wird nicht angestaut.*
>
> *Sprich offen über Gefühle und Emotionen. So übernimmst du Verantwortung für dich und bist ein sinnvolles Vorbild für Kinder und dein Umfeld.*
>
> *Mach dir die Unterschiede von Emotionen und Gefühlen bewusst. Dies bringt Klarheit in deine Beziehungen.*

Emotionen	Gefühle
- *Kommen aus der Vergangenheit*	- *Entstehen in der Gegenwart*
- *Wirken trennend*	- *Schaffen Verbundenheit*
- *«Du machst immer / nie ...»*	- *«Ich fühle ...»*
- *Blickkontakt wird vermieden*	- *Blicke können sich treffen*
- *Missverständnisse entstehen*	- *Bewirken Verständnis*
- *Den anderen ändern wollen*	- *Bereitschaft, sich zu ändern*
- *Diskutieren wollen*	- *Eigene Gefühle zulassen*
- *Den Verstand brauchen*	- *Ruhen im eigenen Körper*
- *Wirken erschöpfend*	- *Bewirken Lebendigkeit*
- *Machen einsam*	- *Schaffen Nähe*
- *Führen zu Flucht / Rache*	- *Sind heilsam*
- *Stammen aus Ego-Anteilen*	- *Stammen aus dem Herzen*
Zweifel	**Vertrauen**

(in Anlehnung an Diana Richardson)

Schritt 3: Sprich liebevoll mit dir

«Nichts geht über ein gutes Gespräch mit sich selbst.»
Ralf Sanftleben, Gründer von zeitzuleben.de

Hast du einen Nachbarn, der dich vor kurzem nicht gegrüsst hat?
Wenn ja, dann geht es dir vielleicht ähnlich wie dem Mann in dieser kurzen Geschichte:

«Ein Mann will ein Bild aufhängen. Den Nagel hat er, nicht aber den Hammer. Der Nachbar hat einen. Also beschliesst der Mann, zum Nachbarn zu gehen und den Hammer auszuborgen. Doch dann kommen beim Mann Zweifel auf: «Was, wenn mir der Nachbar den Hammer nicht leihen will? Gestern schon grüsste er mich nur so flüchtig. Vielleicht war er in Eile. Aber vielleicht war die Eile nur vorgeschützt und er hat etwas gegen mich. Und was? Ich habe ihm nichts getan; der bildet sich da etwas ein. Wenn jemand von mir ein Werkzeug borgen wollte, ich gäbe es ihm sofort. Und warum mein Nachbar nicht? Wie kann man einem Mitmenschen einen so einfachen Gefallen ausschlagen? Leute wie der Kerl vergiften einem das Leben. Und dann bildet sich der Nachbar noch ein, ich sei auf ihn angewiesen. Bloss, weil er einen Hammer hat. Jetzt reicht's mir aber wirklich!» Und so stürmt er hinüber, läutet, der Nachbar öffnet, doch noch bevor dieser «Guten Morgen» sagen kann, schreit ihn der Mann an: «Behalten Sie Ihren Hammer, Sie Rüpel!»

Egal, ob du einen «unfreundlichen Nachbarn» hast, wie in dieser berühmten Geschichte von Paul Watzlawick:

Alle Menschen haben Stimmen im Kopf und reden unbewusst permanent mit sich selbst.

Die Stimme des «inneren Schweinehunds» ist wohl den meisten Menschen bekannt. Er redet uns zum Beispiel ein, dass es zu nass ist, um nach draussen zu gehen oder dass wir einfach erst am nächsten Tag Sport machen.

In gewissen Teilen unseres Verstandes hausen jedoch problematischere Stimmen als der «Schweinehund», die uns das Leben schwer machen können: der innere Kritiker oder das innere Opfer von Umständen. Eckhardt Tolle nennt solche Stimmen das **Ego** oder das «falsche Ich».

> «Wenn uns das eigene Denken und Fühlen beherrscht, verwandelt es sich in ein falsches Ich, das Ego.»

Ist dir schon einmal aufgefallen, dass du in einem Gespräch bereits an das denkst, was du als Nächstes sagen möchtest, während die andere Person noch spricht?

Das geht den meisten Menschen so. Als Folge dessen hören wir uns gar nicht richtig zu, weil die Aufmerksamkeit an den inneren Dialog gebunden ist. Das ist einer der Gründe, weshalb es auf der Welt so viele Missverständnisse gibt.

Wäre es nicht schön, wenn du dich bei Sorgen, Nervosität oder Selbstzweifeln nicht in destruktiven Selbstgesprächen verlieren würdest?

Freu dich: Mit ein bisschen Übung fällt dir das innere «Geschwätz» immer häufiger auf. Was du dazu brauchst, hast du in Schritt 1 und 2 bereits gelesen. Nun kombinieren wir deine Fähigkeit, «Gedanken zu beobachten» und «Gefühle zu fühlen», mit dem **positiven Selbstgespräch**. Mit dieser einfachen Methode kannst du dich in einer anspruchsvollen Situation selbst beruhigen. So bleibst du gelassener und kannst deine Aufmerksamkeit bewusst auf Dinge lenken, die dir guttun oder dich weiterbringen.

Die Kunst besteht nun darin, in einer anspruchsvollen Situation so schnell wie möglich zu bemerken, was im Kopf und im Körper passiert. Ich gebe dir ein Beispiel aus meinem Leben.

Die Höchststrafe

Vor kurzem schrieb ich eine inhaltlich anspruchsvolle E-Mail. Nach rund 45 Minuten war ich mit dem Inhalt zufrieden. Ich speicherte die E-Mail als Entwurf, um sie vor dem Versand noch einmal zu lesen. Doch diesmal ging dabei etwas schief. Später fand ich im Ordner «Gespeicherte E-Mails» nur noch eine leere Seite. Die technischen «Rettungsaktionen» blieben ohne Erfolg. Damit war klar, dass ich die gleiche Arbeit ein zweites Mal machen müsste. Das kommt zwar selten vor, doch wenn es passiert, ist «zweimal machen» für einen Teil meines Verstandes die Höchststrafe. Entsprechend laut wurde der Selbstkritiker in mir: «Wie kannst du nur so blöd sein!» Glücklicherweise gelang es mir trotzdem relativ zeitnah, ins positive Selbstgespräch zu wechseln. Ich fragte mich: «Ist das jetzt wirklich so schlimm? Verlierst du durch den Fehler etwas Lebenswichtiges? Was ist der Vorteil dieser Situation?» So kam ich schnell zur Erkenntnis, dass ich künftig lange Mails einfach vorab in einem Textdokument verfassen, dort abspeichern und erst vor dem Versand ins Mailprogramm einfügen würde. Dazu gesellte sich die Freude, dass die E-Mail, welche ich etwas später noch einmal von neuem schrieb, präziser und leserfreundlicher klang. Zudem wurde mir bewusst, dass es mir im Vergleich zu früher länger und öfter gelang, in unangenehmen Situationen präsent zu bleiben. Das regelmässige Üben in der Beobachtung meiner Gedanken und Gefühle sowie des liebevollen Selbstgesprächs begannen Früchte zu tragen.

Und diesen bunten Strauss an Lernerfahrungen halte ich heute noch in der Hand.

Neue Trampelpfade

Möchtest du die Früchte der Beobachtung von Gedanken und Gefühlen auch bald ernten?

Wenn ja, fass die Absicht:

> «Ich entscheide mich, ab sofort positive Gespräche mit
> mir zu führen.»

Sprich mit dir so liebevoll und wertschätzend, wie du es mit deinem besten Freund oder deiner besten Freundin in einer anspruchsvollen Situation tust.

> «Beste Freunde sind Menschen, die dich lieben, wenn
> du mal vergisst, dich selbst zu lieben.»[6]

Akzeptiere deine Gedanken und Gefühle so, wie sie sich gerade zeigen, und sprich ehrlich mit dir. Da klingt zum Beispiel so:

«Ja, ich bin gerade überfordert und weiss nicht, wie ich das schaffen soll.»

«Jeder hat mal Zweifel. Das ist normal.»

«Ich habe schon viele anspruchsvolle Situationen in meinem Leben gemeistert.»

«Auch wenn ich gerade nicht weiss, wie es weitergeht. Ich werde eine Lösung finden.»

Das ist ein möglicher Aufbau eines Selbstgesprächs. Leite daraus deine Variante ab. Überlege dir eine schwierige Situation, die dich regelmässig nervös oder sauer macht. Schreib dir konkret auf, wie du ab jetzt mit dieser Situation umgehen möchtest. Lies dir das neue «Drehbuch» täglich vor, bis du feststellst, dass deine Selbstgespräche liebevoller klingen. Durch die Wiederholung machst du in deinem Gehirn aus einem Trampelpfad eine Hauptstrasse.

Fehler verwandeln

Die Ehrlichkeit ist auch der Schlüssel, wenn es darum geht, einen Fehler einzugestehen und konstruktiv damit umzugehen. Denn viele Menschen werfen anderen vor, für einen eigenen Fehler verantwortlich zu sein. Doch wenn ich eine Busse im Strassenverkehr kassiere, ist dies weder die Schuld der Polizei noch jene des Blitzkastens. Ich kenne die Spielregeln. Ich habe einen Fehler gemacht. Punkt.

Wir sind Menschen. Fehler machen ist menschlich.

So haben wir die Chance, etwas aus einer Situation zu lernen. In der amerikanischen Kultur gelten Fehler als Stufen zum Erfolg. In Europa ist eher das Gegenteil der Fall. Wie so oft sind Kinder das beste Vorbild: Sie geben nicht auf, auch wenn sie beim Laufenlernen tausendmal hinfallen. Sie versuchen es weiter, bis sie es können. Kinder haben noch kein Fehlerkonzept. Zum Glück.

Doch wir Erwachsene können uns einen Trick zunutze machen, um Fehler in etwas Gutes zu verwandeln. Das Zauberwort heisst: **Dankbarkeit.**[7] Das geht so:

Erinnere dich an einen schmerzvollen Fehler, den du gemacht hast in deinem Leben. Egal, ob er gross oder klein war. Das kann eine Notlüge sein, eine Fehlinvestition oder was auch immer dir spontan in den Sinn kommt. Nun Stelle dir diese beiden Fragen:

Was habe ich aus diesem Fehler gelernt?

Welche Vorteile hat mir dieser Fehler gebracht?

Nun überleg dir eine Handvoll positive Konsequenzen, für die du dankbar sein kannst. Als Beispiel dient dir mein technischer «Fauxpas» (E-Mail) weiter oben. So kannst du einem Fehler, der dich bis heute «wurmt», viel Gutes abgewinnen. Gut möglich, dass dir das Missgeschick dann weniger schlimm erscheint als zuvor.

Einen Versuch ist es wert, oder?

Die ängstliche Stimme

Oft sind es auch unsere Ängste, die innerlich zu uns sprechen: «Ich habe Angst davor, dass ich zu wenig Geld habe am Ende des Monats» oder «Ich habe Angst davor, dass mich mein Partner verlässt». Solche Ängste entspringen oft dem Teil in uns, der sich nicht verändern möchte. Jenem Aspekt, der es sich lieber in der Komfortzone gemütlich macht. Bemerke diesen Teil in deinen Selbstgesprächen (oder in Gesprächen mit anderen) und sag innerlich oder laut:

«Ein Teil in mir will sich nicht verändern und das ist okay. Doch ich wähle mich zu verändern, auch wenn ich damit ein Risiko eingehe.»

So akzeptierst du den Teil in dir, der Angst davor hat, sich zu verändern, und lässt ihn in dein Herz.[8] Denn alles, was du bewusst in dein Herz integrierst, steht in deinem Einflussbereich und verliert die destruktive Kraft. Das funktioniert nicht nur mit der Angst vor Veränderungen, sondern mit jeglichen unangenehmen Empfindungen.

10 Minuten

Wenn du Schritt 1 bis 3 regelmässig übst, wenn es «windstill» ist, hast du auch im Sturm Zugriff auf diese Fähigkeiten. Deshalb empfehle ich dir, ab sofort täglich 10 Minuten Zeit zu reservieren für ein **«Check-In»** in Kopf und Körper.

Atme tief ein und vollständig aus. Stell dir diese Fragen:

Wo bin ich gerade? Was tue ich gerade? Was denke ich gerade? Was fühle ich in meinem Körper?

Je mehr du übst, deine Gedanken zu beobachten, deine Gefühle zu fühlen und dein Selbstgespräch sinnvoll zu lenken, desto *gelassener* bleibst du, wenn es mal intensiv wird. Zudem steigen immer mehr unbewusste Verhaltensmuster in dein Bewusstsein auf. Mach dir bewusst:

«Du bist nicht deine Geschichte, du bist nur ihr Erzähler. Wie du sie erzählen willst, entscheidest du.»[9]

Durch das liebevolle Selbstgespräch kultivierst du Selbstliebe, die wir auch in Schritt 4 nähren.

Was du mitnehmen kannst:

Zum Mitnehmen

Liebevolle Selbstgespräche pflegen die
«Kopf – Herz – Brücke»

Entscheide dich dazu, ab sofort liebevoll-wertschätzende Gespräche mit dir zu führen. Akzeptiere deine Gedanken und Gefühle so, wie sie sich gerade zeigen.

Sprich ehrlich mit dir und steh zu deinen Fehlern. Schreib dir konkret auf, wie du ab jetzt mit bestimmten Situationen umgehen möchtest. Übe das neue «Drehbuch», bis deine Selbstgespräche liebevoller klingen.

Verwandle alte Fehler, die dich bis heute belasten. Notiere dir Vorteile, die der Fehler nach sich zog für die du heute dankbar sein kannst.

Akzeptiere den Teil in dir, der Angst davor hat, sich zu verändern, und lass ihn damit in dein Herz. So entsteht Selbstliebe.

Nimm dir täglich 10 Minuten Zeit für dich und ein «Check-In». Beobachte: Wo du bist, was du tust, was du denkst und was du fühlst. So integrierst du Schritt 1 bis 3 nachhaltig.

Schritt 4: Wahrer Wert

«Nur der Kampf gegen etwas kann ein Problem manifestieren. Mit deinem Ja endet alles. Der Angriff gegen Gott ist beendet und Friede kann in dein Herz einziehen.»

Mario Amenti, Spiritueller Lehrer

Das Gehirn speichert Gedanken themenbezogen ab als Vorurteile oder anders formuliert als *Glaubenssätze* (Denkmuster). Und wie wir über ein Thema denken, zum Beispiel über Ernährung, beeinflusst unsere Wertvorstellungen. Werte sind das, was uns im aktuellen Leben wirklich wichtig ist. Unsere Gedanken über gewisse Themen können sich im Verlauf der Zeit ändern. Werte sind demnach dynamisch. Unser Wertesystem repräsentiert das, woran wir glauben, und wie wir das Weltgeschehen jetzt gerade deuten.

> Unsere Worte und unser Verhalten sind das Abbild unserer Gedanken und unseres Wertesystems.

Anhand des Beispiels mit der «roten Ampel» habe ich einen neuen Glauben geschaffen. Wenn ich auf der Strasse «Rot» sehe, erinnere ich mich daran, dass mir das Leben gerade Zeit schenkt statt stiehlt.

In Schritt 1 (→ Zum Mitnehmen) habe ich dich eingeladen aufzuschreiben, was dich stresst und was dich nährt. Anhand dieser Liste kannst du nun erkennen, was dir gerade wirklich wichtig ist im Leben. Wenn es dich belastet, dass du vieles beginnst und wenig zu Ende bringst, könnte dies bedeuten, dass dir gerade *Klarheit* fehlt und dir mehr davon guttun würde. Wenn es dir hilft, mit nahen Freunden zu sprechen, könnte dies bedeuten, dass dir *Verbundenheit* oder *Austausch* auf Augenhöhe sehr wichtig ist.

> «Schreib dir drei wichtige Werte auf. Erforsche, was du brauchst, um diese Qualitäten noch mehr in dein Leben zu integrieren.»

So richtest du die Aufmerksamkeit auf den gewünschten Zustand. Bereits diese Absicht öffnet einen Raum der Möglichkeiten.

Die Falle: Vergleichen

Vergleichst du dich manchmal und schneidest dabei schlechter ab?

Die meisten Menschen vergleichen sich ständig mit anderen oder früheren Versionen von sich selbst. Dabei sucht unser Verstand meistens Beweise dafür, dass wir besser sind als andere oder persönliche Fortschritte gemacht haben. Doch der Schuss kann dabei nach hinten losgehen wie ein Beispiel aus meinem Leben zeigt.

Die Disziplin Sport

Nachdem ich mein «Schulsporttrauma» überwunden hatte, – ich war immer die langsamste Läuferin – begann ich vor ein paar Jahren mit dem Joggen. Ich trainierte regelmässig und nahm an Volksläufen teil. So verbesserte ich mich von Jahr zu Jahr. Doch mein Verstand fand immer Bekannte oder Freunde in vergleichbarem Alter, die auf der Rangliste deutlich besser abschnitten als ich. Das fühlte sich nicht gut an. Damals wusste ich noch nicht, dass es möglich ist, sich konstruktiv mit anderen zu vergleichen, ohne dass es einem danach schlecht geht. Heute bewege ich mich immer noch regelmässig. Doch ich lasse mein Körpergefühl «entscheiden», welche Intensität passend ist, und nicht mehr fixe Trainingspläne. Ein Teil in mir vergleicht mein aktuelles Fitnesslevel noch ab und zu mit der früheren Sonja, die wesentlich mehr Kraft und Ausdauer an den Tag legte. Heute kann ich jedoch dieses altbekannte Schauspiel mehrheitlich bewusst beobachten und mit einem augenzwinkernden «Aha, interessant!» vorbeiziehen lassen.

Hinter dem Impuls, sich zu vergleichen oder andere zu bewerten, kann auch der **Selbstzweifel** stehen. Unbewusst sucht unser Verstand nach Bestätigung im Aussen, dass wir, so wie wir sind, genügen und liebenswert sind.

Weshalb fällt es vielen Menschen schwer, sich so zu lieben, wie sie sind?

Als Kinder werden wir von dem, was uns unsere Eltern vorleben und was ihnen wichtig ist, geprägt. Je nachdem, welche Massstäbe in einer Familie gelten, lernen Kinder zum Beispiel, dass es für gute Leistungen Lob und Anerkennung gibt. Das Schulsystem trägt dazu bei, dass dieser Glaubenssatz entstehen kann: «Wenn ich gute Leistungen erbringe, werde ich geliebt.»

Zudem sehen wir oft von klein auf in Heften oder im Fernsehen Idealbilder von schlanken Frauen, erfolgreichen Geschäftsmännern oder harmonischen Familien. Mit der Zeit wissen wir ganz genau, mit welchem Verhalten oder welchem Aussehen von der Gesellschaft Anerkennung zu erwarten ist.

Ausweg 1: Selbstliebe

Wie denkst du über dich? Wie sprichst du über dich?

Die Antwort verweist auf den Wert, den du dir gibst. Es gibt viele Einflussfaktoren auf unseren Selbstwert. Dies wird in zahlreichen Büchern und Studien beschrieben inklusive Anleitung zu mehr Selbstliebe. Ich möchte an dieser Stelle lediglich die Begriffe **«Selbstvertrauen»** und **«Selbstbewusstsein»** unterscheiden[10], da sie aus meiner Sicht in Selbstliebe münden.

«Selbstvertrauen bedeutet, sich etwas zu trauen.»

Wenn du wagst, in deinem Leben neue Wege zu gehen, hast du Vertrauen in deine Fähigkeiten und darauf, dass Wegbegleiter zur rechten Zeit an deiner Seite sein werden.

Selbstbewusstsein bedeutet, die Gedanken zu *beobachten* und Körperwahrnehmungen zu *fühlen*.

Bist du dir deiner selbst bewusst, kannst du mehr und mehr auf dein Wohlbefinden Einfluss nehmen.

Selbstliebe entsteht, wenn der *Kopf* und das *Herz* Hand in Hand durchs Leben gehen.

Dann ist die Brücke zwischen dem Denken und dem Fühlen in Balance. Wir trauen uns etwas zu und sind in der Lage, *bewusst* zu beobachten, was dessen Umsetzung mit uns macht. Auch wenn dabei mal etwas schiefgeht, wirft uns das nicht aus der Bahn, weil wir bereit sind, uns ehrlich zu reflektieren, um aus Fehlern zu lernen.

Selbstvertrauen + Selbstbewusstsein = Selbstliebe

Selbstliebe gemäss dieser Formel setzt voraus, dass wir einen gesunden Ich-Bezug haben. Menschen, die stark mit ihren Gedanken und Gefühlen identifiziert sind, haben meistens wenig Selbstliebe. Identifikationen erzeugen das Ego. Das «falsche Ich» ist überall dort, wo wir glauben, *«jemand zu sein»*, oder wo wir *«jemand sein wollen»*. Das kann dazu führen, dass sich eine Person an gesellschaftlichen Idealen orientiert, um als gutaussehend zu gelten oder sich selbst als schöner wahrzunehmen. Andere Menschen definieren sich über ihre Arbeit. Entsprechend gross ist dann die Sinnkrise beim Jobverlust. Es ist individuell verschieden, wie gross der Ego-Anteil des Verstandes ist. Die Stimme des «falschen» Ichs ist erstaunlich leicht erkennbar. Wenn jemand etwas immer besser wissen will oder häufig ungefragt kommentiert, was ihm gefällt oder missfällt (womöglich auch über sich selbst), spricht die Stimme des Egos aus ihm. Eine Auflistung dazu findest du in Schritt 2 (→ Zum Mitnehmen).

Ausweg 2: «Es ist, wie es ist»

Wie gehst du nun damit um, wenn du bemerkst, dass du dich vergleichst oder über andere urteilst?

Viele Menschen versuchen einfach damit aufzuhören. Meist ohne Erfolg. Denn sobald ich den Vorsatz fasse, weniger oder nicht mehr zu urteilen, bin ich in Widerstand mit der Tatsache, dass ich ein «urteilender» Mensch bin. Alles, was ich nicht will, wird nur stärker, da die Energie der Gedanken darauf fokussiert ist.

Druck erzeugt meistens Gegendruck.

Die Lösung liegt gemäss meiner Erfahrung in der Annahme dessen, was gerade so ist, wie es ist. Punkt. Im Selbstgespräch kann das dann so klingen:

«Ich akzeptiere, dass ich geurteilt habe.»

Damit entfällt die Ablehnung dessen, was ist, und wir öffnen unser Herz für die Seite in uns, die urteilt. Wenn sich auf diese Weise keine Entspannung im Körper einstellt, kann ergänzt werden:

«Ich akzeptiere, dass ich gerade nicht akzeptieren kann, dass ich urteile.»

So entfällt auch der Widerstand gegen die Annahme der Situation.

Mit ein bisschen Übung könntest auch du Gefallen an dieser Variante des **Selbstgesprächs** finden. Wobei diese Form des Perspektivenwechsels den Verstand fordern kann. Probiere es gerne aus und formuliere die Sätze so, dass sie für dich passen.

Ausweg 3: Sinnvoll vergleichen

Ist konstruktives Vergleichen möglich? Natürlich.

Sich mit anderen zu vergleichen, ist menschlich, und das Gehirn muss Urteile bilden, um funktionsfähig zu bleiben. Doch wenn wir uns aus dem «falschen» Ich heraus vergleichen, erzeugen wir leidvolle Erfahrungen. Eine spielerische Möglichkeit, sich mit andern sinnvoll zu vergleichen, besteht darin, den Fokus darauf zu richten, was uns am Gegenüber im Herzen inspiriert. Das kann *Herzlichkeit*, *Wortgewandtheit* oder *Erfolg* sein. Ich möchte einen kraftvollen Satz von Jeffrey Kastenmüller mit dir teilen, der auch deinen Blick auf dein Umfeld verändern könnte:

«Ich wähle, in anderen Menschen zu sehen, was für mich möglich ist.»

So drehst du den Impuls, dich destruktiv zu vergleichen, einfach um. Zudem siehst du schöne Dinge in anderen nur, weil diese Qualitäten auch in dir schlummern. Elegantes Vergleichen regt uns deshalb zu persönlichem Wachstum an. Überleg dir einmal, ob du ab sofort mit diesem Fokus in den sozialen Medien unterwegs sein oder durch Zeitschriften blättern möchtest.

Die nachfolgende Geschichte erzählte SEOM kürzlich in seinem Podcast. Teilenswert, wie ich finde.

Eine Zen-Geschichte

Ein Vater sagte zu seiner Tochter: «Du hast mit Auszeichnung abgeschlossen, hier ist ein Auto, das ich vor vielen Jahren erworben habe. Es ist mehrere Jahre alt. Aber bevor ich es dir gebe, bringe es zum Gebrauchtwagenmarkt in der Innenstadt und sage ihnen, dass ich es verkaufen möchte, und schaue, wie viel sie dir anbieten.»

Die Tochter ging zum Gebrauchtwagenmarkt, kehrte zu ihrem Vater zurück und sagte: «Sie haben mir 1'000 Dollar angeboten, weil es sehr abgenutzt aussieht.» Der Vater sagte: «Bring das Auto zum Pfandleiher.» Die Tochter ging zum Leihhaus, kehrte zu ihrem Vater zurück und sagte: «Das Leihhaus bot mir 100 Dollar an, weil es ein sehr altes Auto ist.» Der Vater bat seine Tochter, zu einem Autoclub zu gehen und ihnen das Auto zu zeigen. Die Tochter brachte das Auto zum Club, kehrte zurück und sagte zu ihrem Vater: «Einige Leute im Club boten 100'000 Dollar dafür an, da es sich um ein ikonisches und von vielen gesuchtes Auto handelt.»

Der Vater sagte zu seiner Tochter: «Ich wollte, dass du weisst, dass der richtige Ort dich auf die richtige Weise wertschätzt. Wenn du nicht geschätzt bist, sei nicht böse, das bedeutet, dass du am falschen Ort bist. Diejenigen, die deinen Wert kennen, sind diejenigen, die dich schätzen. Halte dich niemals an einem Ort auf, an dem niemand deinen Wert erkennt.»

Wertschätzung im Aussen beginnt in dir. Wenn du deinen Wert im Herzen fühlst, werden es auch andere tun können. Doch löse dich vom Glauben, dass die Wertschätzung aus derselben Richtung kommt, aus der du sie erwartest. Wenn du ein «Danke» erwartest und es nicht bekommst, «ent - täuschst» du dich nur selbst.

> Wenn dir egal ist, ob du ein «Danke» bekommst oder nicht, schenkst du bedingungslos.

Wenn wir verlernen, was gute Manieren sind, wird das Schenken zum wahren Fest. Das Leben wird dir auf seine Art zeigen, wie sehr es dich schätzt. Probiere es gerne aus beim nächsten Mal, wenn du etwas verschenkst. Gib es nur, wenn du kein «Danke» erwartest. So schenkst du aus dem Herzen. Wenn du merkst, dass du das Geschenk mit dieser Haltung nicht machen kannst, sag dir:

> «Ich akzeptiere, dass ich ein «Danke» brauche. Doch ich öffne mich für die Möglichkeit, die Kontrolle dafür loszulassen.»

Du kannst das Geschenk nun verschenken oder noch behalten. Du hast die Absicht gesetzt, dass du nicht mehr kontrollieren musst, ob dir gedankt wird oder nicht. Und wenn dir das nächste Mal etwas geschenkt wird, zum Beispiel eine zündende Idee oder ein liebes Wort aus deinem Umfeld, könnte dies der «Gegenzug» des Lebens sein, damit du weisst, dass du wertvoll und liebenswert bist.

Im nächsten Schritt geht es darum, auch auszusprechend, was dir wichtig ist im Leben.

Was du mitnehmen kannst:

Zum Mitnehmen

Wahre Werte sind die Pfeiler der «Kopf – Herz – Brücke»

Überleg dir, was du brauchst, um deine drei wichtigsten Werte / Qualitäten noch mehr in dein Leben zu ziehen.

Beobachte, wie du über dich denkst und sprichst. Erkenne, mit welchen Gedanken und Gefühlen sich ein Teil deines Verstandes identifiziert und als Ego zu dir oder anderen spricht.

Entscheide dich ab sofort dazu, das zu akzeptieren, was gerade ist. Erlaube dir «Ja» zum «Nein» zu sagen. Damit lässt du das «Nein» in dein Herz.

Wähle in anderen Menschen zu sehen, was für dich möglich ist.

Übe bedingungslos zu schenken. Wenn du ein «Danke» erwartest, öffne dich für die Möglichkeit, die Kontrolle darüber loszulassen.

Schritt 5: Wahrheit sprechen

Bevor du sprichst, lasse deine Worte durch drei Tore schreiten. Beim ersten Tor frage: «Sind sie wahr?» Am zweiten: «Sind sie notwendig?» Am dritten Tor: «Sind sie freundlich?»

Rumi (1207–1273), Persischer Dichter

Wurde in deinem Elternhaus offen über Probleme gesprochen?

Oder bist du in einer Familie aufgewachsen, in der Schwierigkeiten oder Konflikte, dem Frieden zuliebe, totgeschwiegen wurden?

Wie du mit dir und anderen sprichst, ist geprägt von dem, was du als Kind *gesehen* und zwischen den Zeilen *gehört* hast.

Die Worte, die du heute wählst, sind der Spiegel deiner unbewussten Denkmuster, also deinen Glaubenssätzen. «Ich traue niemandem» wäre ein Beispiel für einen unbewussten Glaubenssatz eines Menschen, der von seinen Eltern und Geschwistern als kleines Kind nicht so unterstützt und begleitet wurde, dass in ihm Vertrauen wachsen konnte. Weitere Glaubessätze, die viele Menschen mit sich herumtragen, sind zum Beispiel:

«Niemand mag und respektiert mich.» «Ich verdiene keine Liebe.» «Man muss kämpfen, um zu überleben.» «Man muss hart arbeiten für sein Geld.»

Solche Glaubenssätze wohnen tief in unserem Unterbewusstsein. Von dort aus beeinflussen Sie unsere Gedanken, die unser Sprachmuster formen. Unsere Sprachmuster erschaffen im wahrsten Sinne des Wortes unsere Realität.

Die Art und Weise, wie wir sprechen, formt unsere Lebensumstände.

Sprich gewählt

Deshalb ist es sinnvoll, die Worte, die wir wählen, zu beobachten. So ist es möglich, Sprachmuster und dahinterliegende Glaubenssätze zu erkennen, mit denen wir uns selbst sabotieren. Der Glaube daran, dass man «hart arbeiten muss für sein Geld», kann genau das bewirken, was man eigentlich nicht will: nämlich Geldmangel. Mit sinnvollen Sprachmustern wird im Umkehrschluss die Voraussetzung geschaffen, wahren Reichtum, der nicht nur von Geld abhängt, anzuziehen. Fass jetzt die Absicht:

> «Ich achte auf meine Gedanken und Worte. Ich wähle meine Worte weise.»

Wenn du mehr und mehr die Verantwortung für deine Gedanken und Worte übernimmst, kannst du dein Leben in allen Bereichen *aufwerten*. Die Kunst des Reformulierens ist dabei hilfreich. Bevor wir dazu kommen, ist es zunächst wichtig zu verstehen, was gewisse Worte bewirken können. Dazu ein paar Beispiele:

Wer oft sagt: «Ich kann nicht», stoppt wörtlich sein Wachstum und legt sich Steine in den Weg. «Ich werde nicht» kann auf das Unterbewusstsein wie ein Befehl wirken. Wer etwas «versucht» wird womöglich lange dafür brauchen, weil er sich wörtlich «ver - sucht» auf dem Weg. Das Wort «eigentlich» lässt unklar, ob etwas ist oder nicht. Worte im Konjunktiv enthalten wenig Energie für Veränderungen: «Ich könnte …», «Ich möchte …», «Ich würde …».

Wähle stattdessen Worte, die sich kraftvoll und wahr anfühlen.

Kraftvolle Worte sind: «**Ich kann …**», «**Ich will …**» oder «**Ich werde …**». Es gibt einige Worte, für die sinnvolle Alternativen gewählt werden können. «Ich habe nie oder ich habe immer» kann meistens durch «**bis jetzt war es so**» ersetzt werden.

«**Sowohl als auch**» in einem Satz schafft mehr Raum für Möglichkeiten als «entweder ... oder». «Aber» verliert an trennender Kraft, wenn es durch ein verbindendes «**und gleichzeitig**» ersetzt wird.

Erinnere dich an das Zitat von Muhammad Ali:

> «Wenn mein Kopf es sich ausdenken kann und mein Herz daran glauben kann, dann kann ich es auch *erreichen.*»

Dieser Satz enthält das Geheiminis von wirkungsvollen Glaubenssätzen und Sprachmustern: Sei *absolut* überzeugt davon, dass du etwas erreichst und nimm im Körper jetzt schon wahr, wie es sich anfühlt, es bereits erreicht zu haben. So ist jede Zelle in dir auf das ausgerichtet, was du in dein Leben ziehen möchtest. Das Gehirn kann nämlich nicht unterscheiden, ob wir uns etwas nur vorstellen oder real erleben.

Und wenn du noch nicht weisst, was du auf dem Weg ins Ziel genau brauchst, kannst du dir sagen:

> «Es wird sich schon eine Lösung finden.»

Somit behältst du deinen Fokus, ohne daran festzuhalten. Du kannst einen Kugelschreiber sowohl in der geschlossenen als auch in der offenen Hand halten. Gleichzeitig haben dein Unterbewusstsein und das Leben die Chance zur Lösungsfindung beizutragen.

Innere Wahrheit

Eine weitere Kunst besteht darin zu bemerken, wann und in welchem Zusammenhang wir uns selbst anlügen: Wo wir Ausreden erfinden, um die eigene Komfortzone nicht zu verlassen. Vielleicht isst du gerne Fertigpizza. Sie schmeckt dir und macht dich satt.

Doch nährt sie dich tatsächlich oder bleibt dein Herz hungrig? Was nährt dich wirklich in deinem Leben? Welche Lebensmittel tun dir gut? Welche Menschen tun dir gut?

Lass diese Fragen gerne einen Moment auf dich wirken.

Weshalb ist es für uns oft so anspruchsvoll zu unterscheiden, ob das, was uns wichtig ist, aus dem Kopf oder dem Herz kommt?

Vielleicht kennst du den Philosophen René Descartes. Sein Satz «Ich denke, also bin ich» wurde im 16. Jahrhundert im Zuge der Aufklärung zum Leitspruch und forcierte die Trennung von Fühlen (Körper) und Denken (Verstand). In jener Zeitepoche wurden Eingebungen als Blödsinn abgetan. Die Menschen begannen ihrer Intuition zu misstrauen und sich mehr und mehr mit dem Denken zu identifizieren. Dieses kulturelle Erbe wirkt offensichtlich bis heute nach.

Auf sein Herz zu hören, bedeutet nicht das Gegenteil von dem zu tun, was der Verstand als richtige Entscheidung betrachtet. Anne Heintze hat dies einmal so formuliert:

> «Idealerweise unterstützt das Bauchgefühl (Instinkt) oder die innere Stimme (Intuition) den Verstand.»

So entsteht das, was ich als ausbalancierte «Kopf – Herz – Brücke» bezeichne. Ohne diese Balance versucht unser Ego an fixen Vorlieben oder Abneigungen festzuhalten. Das ist gekonnter Selbstschutz, um das bequeme Leben nicht zu verlassen: jenseits könnte Gefahr lauern. Das Ego versteckt sich auch gerne hinter der Sorge um andere oder äussert sich als Harmoniesucht. Ego-Anteile sind *trickreich*.

Herzliche Vorlieben

Gemäss Equiano Intensio erkennen wir Vorlieben oder Ablehnungen, die aus dem Herzen kommen, daran, dass sie *veränderbar* und *temporär* sind. Deshalb entsteht auch keine gedankliche Identifikation. Vorlieben und Ablehnungen stehen in Bezug zur aktuellen Lebenssituation. Sie unterstützen uns darin, sinnvoll abzuwägen, was wir gerade wirklich brauchen. Wenn wir uns Zeit nehmen für dieses ehrliche «Hinschauen», erkennen wir immer besser den Unterschied zwischen dem, was der Kopf will, und dem, was das Herz *braucht*.

> Schaffe Raum und Zeit für die ehrliche Selbstbeobachtung, um deine Wahrheit im Herzen zu fühlen.

Diese Geschichte von Kiria Vandekamp kann dich dazu inspirieren, welche Möglichkeiten uns das Leben bietet, um zu erforschen, was in uns lebendig ist.

Die spirituelle Luxushandtasche

«Ich lerne gerade dank meinem neuen Partner als mein Spiegel neue Seiten von mir kennen, beziehungsweise sind es eigentlich gar keine neuen Seiten, sondern Anteile von mir, die ich unterdrückt hatte, so dass ich sie gar nicht mehr wahrnehmen konnte. Ausserdem betrifft es Dinge, die ich früher verurteilt habe, weil sie mir zu oberflächlich waren und nicht spirituell und tiefsinnig genug. Dinge wie lackierte Fingernägel, hochhackige Schuhe und schöne Handtaschen. Das Spannende ist für mich daran, aufzudecken, wo ich Bewertungen und Limitierungen habe und wo ich mir etwas nicht erlaube, manchmal sogar nicht mal erlaube etwas zu mögen, weil es nicht in mein Weltbild passt oder weil da unterschwellig eine Angst drunter sitzt, dass ich nicht mehr dazugehören würde, wenn ich das wage. Denn es ist ganz egal, in welchem Bereich du Bewertungen hast, du unterdrückst damit Lebensenergie.

Mein Schatz hat mir zu Weihnachten eine wunderschöne Handtasche geschenkt, die viel teurer war, als ich jemals für eine Handtasche ausgegeben hätte. Sie kam kürzlich mit der Post. Und es brauchte erst mal ein bisschen innere Arbeit, zuzulassen und zu entdecken, dass ich total Freude daran habe. Ich habe den Handtaschenwahn von Frauen immer abgetan. Fand das unnütz. Ich hatte immer nur eine Handtasche in Benutzung.

Aber dahinter steckt für mich viel mehr. Über diese Impulse und Spiegel von aussen ist mir bewusst geworden, welche Anteile von mir ich unterdrückt hatte, die mir gar nicht bewusst waren. Ich habe mich erinnert, dass ich in meiner Kindheit schon immer eine Vorliebe für schöne Dinge, edle Materialien und einen besonderen Blick für hochwertige und damit leider oft teure Dinge hatte, was meine Mutter dann mit einem gewissen Unterton kommentierte: «Es war schon immer etwas teurer, einen besonderen Geschmack zu haben!»

So habe ich gelernt, dass das nicht so willkommen ist und habe mir das abgewöhnt. In meinem eigenen Prozess der Dekonditionierung erlaube ich mir, meine wahren Vorlieben, Freuden und Bedürfnisse immer mehr zu entdecken. Ja, ich liebe schöne Dinge, ich liebe edle Materialien, Gentlemen, die mir die Tür aufhalten und in die Jacke helfen, und wenn ich die Wahl habe, gehe ich eigentlich lieber in ein schickes Hotel. (Was nicht heisst, dass ich nie mehr Campen gehen will.)

Und jetzt entdecke ich, dass ich meine neue Tasche liebe. Ich liebe die Hochwertigkeit, die Details. Ich liebe diese Qualität. Ich liebe das weiche Leder, so samtig. Ich liebe das weiche Innenfach, wo sogar mein MacBook hineinpasst. Deswegen kann ich trotzdem meine Verbindung zum Spirit halten. Deswegen kann ich trotzdem noch meine Hände oder meinen ganzen Körper auf die Erde legen und beten. Deswegen kann ich trotzdem in meiner Arbeit in die emotionalen Tiefen abtauchen. Vielleicht sogar deshalb, weil ich mir immer wieder erlaube, meine eigenen Tabus zu brechen. Weil ich weiss, dass ich immer mehr in mein Strahlen komme, wenn ich aus meiner Box von Konditionierungen hinaussteige.»

Verbindende Gespräche

Ertappst du dich auch manchmal dabei, jemanden beim Sprechen zu unterbrechen oder ungefragt einen Ratschlag zu geben?

Mittlerweile ist mir und dir klar, aus welchem Teil des Verstandes solche Muster stammen. Mit ein bisschen Übung ist es glücklicherweise möglich, diesen Reflexen den Wind aus den Segeln zu nehmen. Das einleitende Zitat von Rumi ist dabei hilfreich[11]. Stell dir, bevor du in einer Gesprächsrunde oder in einem schriftlichen Wortwechsel etwas teilst, diese drei Fragen:

1. Habe ich geprüft, ob das, was ich erzählen möchte, sich in meinem Herzen wirklich wahr anfühlt, oder sage ich es einfach jemandem nach?

2. Ist das, was ich sagen möchte, gehaltvoll für den Austausch, oder ist es ohne Mehrwert?

3. Klingen die Worte, die ich sagen möchte, herzlich, oder ist ein unfreundlicher Unterton dabei?

Vielleicht entscheidest du dich, darauf zu verzichten, etwas zu sagen, das vielleicht nicht wahr oder nicht wertvoll für alle ist oder nicht aus deinem Herzen kommt. So belastest du weder dich noch andere damit. Und falls du dich dabei erwischst, es trotzdem zu tun: die nächste Übungsmöglichkeit wird kommen. Das Ego ist zwar trickreich, doch nicht so erfinderisch wie das Leben, wenn es um unsere Weiterentwicklung geht.

«Die Wahrheit bedarf nicht vieler Worte, die Lüge kann nie genug haben», soll Nietzsche einmal gesagt haben. Die Wahrheit muss nicht laut sein, damit sie gehört wird. Es braucht nur Mut zu sagen, was wir fühlen.

> Am schnellsten verschwinden Ängste, wenn wir genau das aussprechen, was wir am meisten fürchten.

Als ich begonnen habe diese Ehrlichkeit in Gesprächen mit Vorgesetzten, Freunden oder Familienmitgliedern zu kultivieren, hat sich mein Leben grundlegend *entspannt*. Ein Teil in mir, das verletzte innere Kind, verkriecht sich vor solchen Gesprächen oft immer noch vor lauter Angst, weil es allzu oft lauten Streit erlebt hat. Doch heute weiss ich:

Es lohnt sich in Gesprächen die Maske abzulegen.

So zeigen wir uns als verletzliche Menschen. Wenn du ehrlich beschreibst, welche Situation dazu geführt hat, dass dich etwas beschäftigt, übernimmst du Verantwortung in der jeweiligen Beziehung. Wenn dein Gegenüber von dir hört, wie du künftig mit ähnlichen Situationen umgehen möchtest, entsteht für beide mehr Klarheit. Je nachdem, wie nahe dir der Gesprächspartner steht, ist es auch sinnvoll gemeinsam zu überlegen, wie der künftige Umgang miteinander offener gestaltet werden kann.

So legst du nach und nach die Schutzschilde beiseite, die du in deinem Leben bis jetzt vielleicht benötigt hast. Traue dich ruhig, deine wahren Werte, deine aktuellen Möglichkeiten und deine Anliegen auszusprechen. Wage es auch, eine Entscheidung, die zum Beispiel dein Vorgesetzter oder ein Partner von dir fordert, in aller Ruhe zu treffen. Wenn du dich unter Druck gesetzt oder in einem Gespräch gerade überfordert fühlst, kannst du das auch einfach sagen. Es ist, wie es ist. Hier ein paar Ideen, die mehr Handlungsspielraum in Gesprächen schaffen können:

«Darauf möchte ich im Moment nicht näher eingehen. Deshalb möchte ich gerne klären, worauf wir den Fokus in der restlichen Gesprächszeit lenken können.»

Oder: *«Ich merke gerade, dass es eine Chance für uns beide ist, wenn wir das Gespräch zu einem anderen Zeitpunkt weiterführen.»*

Es lohnt sich, neue Worte und Sprachmuster in Gesprächen mit sich oder anderen auszuprobieren. Du öffnest damit den Zugang zu der Wahrheit, die in deinem Herzen wohnt. Deine Beziehungen gewinnen an Tiefe und dein Kommunikationsstil wird ehrlicher. Auch in Konfliktsituationen. Doch dazu mehr im nächsten Schritt.

Was du mitnehmen kannst:

Zum Mitnehmen

Wahrheit spricht aus der «Kopf – Herz – Brücke»

Achte auf deine Gedanken. Achte auf deine Worte. Sie werden deine Wirklichkeit. Wähle weise, welche Worte du sprichst.

Wähle Worte, die sich kraftvoll und wahr anfühlen. Zum Beispiel: «Ich kann ...», «Ich will ...» und «Ich werde ...» oder «bis jetzt war es so» oder «sowohl als auch» oder «und gleichzeitig».

Du erreichst, was du für möglich hältst. Fühle, wie es ist, bereits im Ziel zu sein.

Nutze den Satz: «Es wird sich schon eine Lösung finden.»

Nimm dir Zeit für die ehrliche Selbstbeobachtung, um deine Wahrheit im Herzen zu fühlen.

Wenn sich ein Gespräch nicht stimmig anfühlt: Lenke es bewusst in eine sinnvollere Richtung oder finde einen Abschluss.

Teile mit, was sich in deinem Herzen wahr anfühlt und auch für andere wertvoll sein könnte.

Schritt 6: Kritik nutzen

«Nimm weder Lob noch Kritik persönlich.»

SEOM, Rapper und Autor

Stell dir vor: Du sitzt am Steuer eines Autos. Während der Fahrt siehst du einen Stein auf der Fahrbahn. Etwa so gross wie eine Zitrone. Der Stein liegt ungefähr auf der Höhe deines linken Vorderrades. Du willst dem Stein ausweichen. *Was passiert?* Du fährst mit dem linken Vorderrad mitten über den Stein. *«Autsch!»* Jetzt erinnerst du dich an die Worte deines Fahrlehrers: «Schau nicht genau auf das Hindernis, wenn du es umfahren willst.»

Doch weshalb ist das so?

Wenn du etwas nicht willst, ist deine volle Gedankenenergie, also deine Aufmerksamkeit, darauf gerichtet. Im Gehirn werden bei einer «Abneigung» vereinfacht gesagt rund zehn Mal mehr Areale aktiviert als bei der Orientierung auf ein Ziel. Wenn wir den «Stein» also nicht fokussieren, ist die Chance, dass wir ihn ohne Berührung passieren, deutlich höher. Ähnlich ist es mit dem Thema Kritik.

Angenommen, ich lasse mir die Haare von lang auf kurz schneiden. 10 Menschen geben mir spontan ein Feedback zur neuen Frisur. 9 Leute finden den neuen Look toll. Eine Person findet, dass mir die langen Haare besser gestanden hätten. Gut möglich, dass mich die eine kritische Stimme weit mehr beschäftigt als das 9-fache an Lob. Ein Teil meines Verstandes möchte *allen* gefallen.

Vielen Menschen fällt es schwer, mit Kritik umzugehen. Sie nehmen Kritik persönlich.

Bist du auch schon in diese Falle getappt?

Ich erinnere mich gut daran, dass eine kritische Nachricht einer ehemaligen Chefin mich tagelang beschäftigt hat. Meine Gedanken drehten sich nur noch um dieses Thema. Grosse Selbstzweifel plagten mich. Ich stellte mich als Person in Frage. Heute übe ich mich darin, weder Kritik noch Lob persönlich zu nehmen. Lass uns offen sprechen: Das ist eine Übung für Fortgeschrittene. Schauen wir uns die Zusammenhänge genauer an.

Lob und Tadel

Im Buddhismus gelten Lob und Tadel als weltliche Erfahrungen, die uns im Leben fortlaufend begegnen. Unser «Glücklichsein» wird stark davon beeinflusst, ob wir gelobt oder kritisiert werden.

Du backst einen Kuchen. Jemand findet *er schmecke vorzüglich* und fragt dich nach dem Rezept. Jemand anderes sagt: «Der Kuchen ist staubtrocken.» Ein und dieselbe Situation erzeugt Lob und Tadel gleichzeitig. Selbst Buddha soll es so ergangen sein: Von vielen Leuten wurde er respektvoll als «Der Erwachte» angesprochen. Von anderen wurde er als «Kahlschädel» betitelt.[12]

Deshalb sind wir gut beraten, sowohl Lob als auch Kritik vorüberziehen zu lassen wie die Wolken am Himmel. Egal was wir tun oder lassen. Es wird immer Leute geben, denen wir gefallen oder nicht. Das ändert an uns als Mensch nichts.

> Die Frage «Was denken andere über mich?» widerspiegelt meine Gedanken.

In dem Moment, wenn du beschliesst Gedanken loszulassen, verschwinden sie. Gedanken sind nicht an dir interessiert.[13]

Die Weisheiten des Spiegels

Weshalb nehmen wir Kritik trotzdem oft persönlich?

Jeder Mensch hat gemäss meiner Erfahrung eine Handvoll Kernthemen, die wiederkehrend anspruchsvoll sind. Sei es sich auf Beziehungen einzulassen, mit beruflichem Misserfolg umzugehen, zu wenig Geld, das eigene Suchtverhalten oder das Thema Ernährung. Die Kernthemen stehen im Zusammenhang mit unbewussten Glaubens-sätzen. Kritik streut Salz in solche wunden Punkte und erzeugt Schmerz.

Weshalb Menschen dazu neigen, andere zu kritisieren, zeigen die «Weisheiten des Spiegels». Dieser Ansatz wird häufig zitiert, doch interessanterweise ist unklar, von wem er wirklich stammt.[14]

Blicken wir zunächst in den Spiegel für den Fall, dass uns Kritik kalt lässt:

> «Alles, was der andere an mir kritisiert, bekämpft, mir vorwirft und anders haben will, ist, sofern dies mich nicht berührt und mich nicht an mir selbst zweifeln lässt, sein eigenes Bild, sein eigener Charakter, seine eigene Unzulänglichkeit, die er auf mich projiziert.»

Wenn uns Kritik nicht trifft, fungieren wir für den Kritiker also als Spiegel. Er sieht in uns ein Thema, das bei ihm einen wunden Punkt trifft. Zum Beispiel *triggert* ihn, dass wir beruflich erfolgreich und angesehen sind, weil er mit seinem Erfolg im Job hadert.

Das gleiche Prinzip erklärt aber auch, weshalb wir dazu neigen, andere zu kritisieren:

> «Alles, was mich am anderen stört, aufregt und in Wut geraten lässt und ich anders haben will, habe ich selbst in mir.»

Die Person spiegelt mir eine unangenehme Seite in mir, die ich nicht sehe: **ein blinder Fleck**. Ich übertrage mein Thema unbewusst auf die andere Person. Das Paradebeispiel: Beziehung. Wenn mich stört, dass mein Partner etwas tut oder lässt, ist es zunächst an mir zu schauen, weshalb es für mich so wichtig ist, dass er es so macht wie ich will. Vielleicht ist er eher «chaotisch» und ich mag es ordentlich. Dann gilt es für mich, meine Wahrheit zu *fühlen* und *ehrlich* auszusprechen, was mir im Zusammenleben wichtig ist. Das ist die Chance, im Gespräch einen Weg zu finden, der für beide gangbar ist, ohne sich «verbiegen» zu müssen. Wenn wir die Faust im Sack machen, verhärten sich Fronten, was schade wäre.

Mit dem Ansatz der Projektion lässt sich umgekehrt auch ableiten, weshalb wir Menschen aus ganzem Herzen loben können:

> «Alles, was mir am anderen gefällt, was ich an ihm liebe, bin ich selbst, habe ich selbst in mir und liebe dies im anderen. Ich erkenne mich selbst im anderen. Wir sind in diesem Punkt eins.»

Wir können das Schöne in der Welt also nur sehen, wenn wir diese Qualität auch im Herzen tragen. Wenn wir andere loben, feiern wir auch uns selbst. Wir leben in einer Kultur, die sparsam mit Lob umgeht. Ich finde, jetzt ist der richtige Zeitpunkt, dies zu ändern. Je mehr wir aus ganzem Herzen loben, desto mehr berührende Worte werden auch uns zuteilwerden.

Kommen wir zu der Frage, welche Art von Kritik uns unter die Haut geht und uns unter den Nägeln brennt:

> «Alles, was der andere an mir kritisiert, bekämpft und verändern will, betrifft, sofern es mich verletzt, mich selbst, da dies in mir noch nicht gelöst und mein Ego beleidigt ist.»

Kritik, die uns berührt, ist immer eine Chance, bei uns genauer hinzusehen. Der wunde Punkt ist wie gesagt oft ein Kernthema, das uns nicht zum ersten Mal begegnet im Leben. Deshalb lohnt es sich, die ursächlichen Zusammenhänge zu erforschen, damit die Verletzung nach und nach heilen kann. Ich gebe gerne ein allgemeines Beispiel, mit welchen Fragen die «Ursachenforschung» spielerisch gestaltet werden könnte.

Die Ursache der Verletzung

Angenommen, jemand kritisiert mich, weil ich ihn unter Druck setze mit meinen Erwartungen.

Kenne ich die Situation oder das Thema aus meiner Kindheit?

Vielleicht wurde ich als Kind von meinem Vater oder einer Lehrerin unter starken Druck gesetzt oder eventuell kam es bereits damals vor, dass ich einen Schulkameraden zu etwas gedrängt habe.

Welchen Vorteil oder Nachteil ergab sich daraus für mich?

Zum Beispiel, dass ich Mitleid von anderen bekam oder dass ich nicht wagte, jemandem von meiner Situation zu erzählen.

Gibt es ein Familienmitglied, von dem bekannt ist, dass es mit ähnlichen Situationen oder Themen konfrontiert war?

Vielleicht war mein Grossvater bekannt dafür, dass er seine Frau kontrollierte, weil er so eifersüchtig auf andere war.

Weitere mögliche Fragen, um das Kernthema zu ergründen:

Was ist das Gegenteil des Themas, zum Beispiel «unter Druck gesetzt werden»?

Was hat es für Vorteile, wenn jemand eine Erwartung an mich stellt?

Wie ist eine berühmte Persönlichkeit oder ein(e) Superheld(in), zum Beispiel Pippi Langstrumpf, mit Druck umgegangen? Wie würde er / sie in meiner Situation reagieren?

Auf diese Art und Weise können wir mit jedem Thema spielerisch in die **Selbstreflexion** gehen. Die Fragen helfen uns, ursächliche Zusammenhänge zu erkennen, die mit Glaubenssätzen und Identifikationen zusammenhängen können. Sobald die Gedanken ruhiger werden und sich im Körper Entspannung einstellt, ist die Ursache nahe oder gefunden. Falls die Zusammenhänge für den Moment unklar bleiben: Lass diese Erkenntnis erst einmal so stehen. Die *innere Arbeit* wird dennoch weiterwirken, da der Selbstheilungsprozess im Herzen angestossen ist.

Vielleicht gibt dir dein Unterbewusstsein in den nächsten Tagen in einem Traum ein relevantes Bild in Bezug auf das Thema oder du hörst irgendwo im Alltag einen Satz, der dich auf eine mögliche Ursache aufmerksam macht. Oder du ziehst eine Karte oder schlägst ein Buch zufällig auf, um eine Botschaft zu erhalten. Lass dich von deiner inneren Stimme führen.

Die **innere Arbeit** ist ein *spielerischer, ergebnisoffener* Prozess. Wenn wir uns Zeit für die ehrliche Innenschau nehmen, ist das ein Akt der Selbstliebe. Wir nähren die Verbindung zu unserem Herzen und können dessen Fähigkeit, Verletzungen zu heilen, nutzen.

> Anteile in uns heilen, wenn wir die Ursache für die Verletzung ehrlich erforschen und in unser Herz lassen.

Hört die innere Arbeit irgendwann auf?

Das ist eine Illusion. Wir finden fortwährend limitierende Denkmuster in uns. Das Ablegen von Zwiebelschalen bringt uns unserem wahren Wesenskern jedoch immer näher. Es wird immer klarer, was wir wirklich *brauchen*, um genährt zu sein.

Muss ich denn alles reflektieren im Leben?

Du merkst selbst, welche Themen du transformieren möchtest und was du im Moment so stehen lässt. Was «reif» ist, wird dir sowieso wieder begegnen. Das Leben ist ein Lernprozess, der mit der Geburt beginnt und mit dem Tod endet. Alles was dazwischen liegt, dient dazu, dass wir zu Menschen mit offenen Herzen reifen.

Die Rechtfertigungsfalle

Neben der Selbstreflexion gibt es auch ein paar elegante Möglichkeiten, destruktiver Kritik im direkten Gespräch den Wind aus den Segeln zu nehmen. Wenn wir angegriffen werden, tendieren wir dazu, uns zu verteidigen. Ein Ur-Reflex: In der Steinzeit war es überlebenswichtig, sich zu wehren. Die meisten Menschen oder besser gesagt, die Ego-Anteile in ihnen, lassen Kritik nicht auf sich sitzen und wollen diese rechtfertigen. Mit den gleichen Waffen zurückzuschiessen, erzeugt jedoch Diskussionen und Verhärtung.

Die Lösung?

> «Halte dich bewusst zurück. Beobachte den Reaktionsreflex, der anspringt. Widerstehe ihm. Atme. Lenke die Aufmerksamkeit auf das, was in deinem Körper geschieht.»

Wenn sich jemand über dich beschwert: Lass ihn los. «Dreh dich um und geh», wie Stefan Hiene sagt. Du musst der Person nicht erklären, weshalb. Lösche Kommentare oder Mails, die unangemessen sind. So verschwinden sie aus deinem Bewusstsein. Wenn es für dich stimmt, schenke der Person zum Abschied innerlich ein Lächeln oder eine Umarmung. Genau das brauchen Kritiker nämlich oft unbewusst: **Liebe**. Mach dir bewusst:

> «Kritik bezieht sich nur auf einen Aspekt von mir und stellt mich nicht als Mensch in Frage.»

Wappne dich mit Humor, wenn du kritisiert wirst: «Aha, interessant!» Du kannst die Kritik auch als Kompliment deuten. Du scheinst etwas gut zu machen. Sag der Person einfach: «Danke für deinen Hinweis.» Und geh nicht weiter darauf ein.

Sofern dir jemand ein konstruktives Feedback gibt, ist das eine kostenlose Beratung. Wenn du möchtest, nutze die Chance, dem Gegenüber kluge Fragen zu stellen. Zum Beispiel:

Was meinst du genau damit? Was verstehst du unter ...? Wie würdest du mit der Situation umgehen? Was wäre dir (stattdessen) wichtig?

Durch das Stellen von sinnvollen Fragen *agierst* du, statt zu reagieren. Gleichzeitig hat der Kritiker die Möglichkeit, seine Einschätzung zu überdenken und gegebenenfalls zu relativieren.

Gesunde Abgrenzung

Es gibt Menschen oder Situationen im Leben, von denen wir uns klar und dennoch herzlich abgrenzen dürfen. Unser Herz hat die Fähigkeit, sinnvoll abzuwägen, was uns gerade guttut und was nicht. Wenn wir uns von etwas abwenden, ist das jedoch nicht in Stein gemeissselt. Unser Verstand tendiert dazu, etwas für «immer» zu beenden oder schwarz-weiss zu malen. Das Herz kann für den Moment zu etwas «Nein» sagen und sich im Lauf der Zeit wieder für eine Annäherung öffnen. Ablehnung aus dem Herzen ist deshalb so *ehrlich*, weil sie sich wieder ändern kann.

> Wenn wir uns klar und herzlich abgrenzen, bleiben wir in Balance.

Unser Ego will diskutieren und eine Meinung haben. Je mehr wir uns dessen bewusst sind, desto weniger sind wir am Schauspiel von «Richtig / Falsch» oder «Für / Gegen» oder «Gut / Böse» interessiert. Wir brauchen die Bestätigung von aussen nicht mehr, weil wir uns die Wertschätzung selbst geben können. Damit machen wir uns unabhängig von den Meinungen über uns, was zu mehr innerer Freiheit führt.

«Nein» ist ein vollständiger Satz

Unser Herz hat keine Meinung. Es findet Debattieren langweilig. Unser Herz ist ehrlich und klar. Wer klar ist, muss nichts mehr erklären.[15] Unser Herz teilt Sichtweisen. Es teilt sich mit. Es ist interessiert an Möglichkeiten und Lösungen.

Ein herzliches «Nein» ist ein Ausdruck von Selbstliebe: Du sagst «Ja» zu dir.

Die Liebe sieht immer beide Seiten der Münze und erkennt sie als gleichwertig, als Möglichkeit, über sich hinauszuwachsen.

Im letzten Schritt geht es liebevoll weiter. Wir blicken auf deine Kraftquellen.

Was du mitnehmen kannst:

Zum Mitnehmen

Abgrenzung schützt die «Kopf – Herz – Brücke»

Nimm weder Lob noch Kritik persönlich:

«Alles, was mich an anderen stört / was mir an anderen gefällt, habe ich selbst in mir.»

«Alles, was andere an mir stört, betrifft mich selbst, falls es mich verletzt / beleidigt.»

Erforsche das Kernthema der Verletzung und integriere die Ursache in dein Herz.

Unangemessene Kritik:
Danke für den Hinweis und geh weiter auf deinem Weg.

Konstruktive Kritik:
Nutze die Beratungsmöglichkeit und stell kluge Fragen.

Ein klares «Nein» aus dem Herzen ist ein «Ja» für deine Selbstliebe.

Schritt 7: Kraftquellen nutzen

«Denn in allem Natürlichen liegt etwas Wunderbares.»

Aristoteles (384–322 v. Chr.), Griechischer Gelehrter

Ist dir auch schon mal aufgefallen, dass sich die Gedanken auf einem Waldspaziergang wie von Zauberhand beruhigen?

Wir kommen zur Ruhe, weil die Natur nicht denkt. Die Natur findet in der Gegenwart statt. Der Fuchs interessiert sich nicht dafür, was er gestern getan hat. Und wenn er eine Maus frisst, fühlt er sich nicht schuldig. Die Blume fragt sich nicht, ob morgen die Sonne scheint. Es ist ihr auch nicht wichtig, schöner als die anderen Blumen zu sein. Nur Menschen sind in Gedanken meistens in der Vergangenheit oder in der Zukunft. Nur Menschen haben Konzepte wie «Schuld» oder «Schönheit». Doch das Einzige, was real existiert, ist dieser *Augenblick*. Es gibt keinen anderen. Wir können nicht wählen, ob wir diesen Moment erleben wollen oder nicht. Doch wir haben die Wahl, *jetzt* innezuhalten und zu *fühlen*, wie das Herz in uns pocht und wie der Atem durch uns strömt. So einfach ist das. Doch der Verstand findet das langweilig, weil er lieber nachdenkt.

Weisheit der Natur

Das Wetter in allen Facetten zu erleben, ist ein Fest für unsere Sinne und stärkt das Immunsystem. Du atmest die frische Luft. Du spürst die Sonne auf deiner Haut. Du riechst den Herbst oder die Düfte des Sommers. Du siehst das Glitzern auf der Oberfläche des Wassers oder der Schneedecke.

> Die Natur berührt uns im Herzen und schenkt uns Kraft.

Wenn es dir möglich ist, beweg dich regelmässig *bewusst* in der Natur, um aufzutanken. Sich selbst in die Natur zu begeben, ist noch aus einem anderen Grund interessant. Stell dir dazu bitte folgende Situation vor:

Auf einem Weiher haben zwei Enten gerade eine lautstarke Auseinandersetzung. Sie trennen sich und schwimmen in verschiedene Richtungen davon. Jede für sich schlägt ein paarmal kräftig mit den Flügeln, um die überschüssige Energie freizusetzen, die sich während dem Kampf aufgebaut hat. Nach dem Flügelschlagen schwimmen sie wieder friedlich umher, als ob nichts geschehen wäre.

Eckhart Tolle erzählt in seinem Buch «Leben im Jetzt», wie die Geschichte klingen würde, wenn die beiden Enten Menschenverstand hätten.[16]

«Ich glaub's einfach nicht, was der da gerade gemacht hat. Er ist bis auf 15 Zentimeter an mich herangeschwommen. Er denkt wohl, der Teich gehört ihm! Meine Privatsphäre ist ihm völlig schnurz. Ich werde ihm nie mehr vertrauen. Nächstes Mal probiert er wahrscheinlich etwas anderes aus, nur um mich zu ärgern. Bestimmt führt er schon etwas im Schilde. Aber ich lasse das nicht mit mir machen. Ich werde ihm eine Lektion erteilen, die er nie vergessen wird.»

In Gedanken geht die Geschichte also immer weiter, und noch Tage, Monate oder sogar Jahre später wird weiter daran gedacht und davon geredet. Das Entenleben wäre sehr problematisch, wenn die Enten Menschenverstand hätten. Gut, ist es anders. Den Enten und uns zuliebe.

Die Natur ist ein idealer Ort, um sich selbst zu beobachten. Gleichzeitig können wir, während dem Beobachten der Natur, Antworten auf innere Fragen erhalten oder Zusammenhänge erkennen.

Alles Natürliche, sei es eine Blume, ein Baum oder ein Tier, ist unser *Lehrer*.

Die Entengeschichte lehrt uns, dass wir unseren Verstand, wenn er sich in Geschichten verliert, mit einem Flügelschlag ins Jetzt zurückholen können. Es ist so einfach:

«Halte inne, beobachte und lausche.»

Magie der Dankbarkeit

Zu einer weiteren Kraftquelle führt Vers 29 aus dem Matthäus-Evangelium:

«Denn wer da hat, dem wird gegeben werden, dass er die Fülle habe. Wer aber nicht hat, dem wird auch das genommen, was er hat.»

Das Zitat erscheint auf den ersten Blick ungerecht. Erst wenn wir die Formulierung ändern, erschliesst sich des Rätsels Lösung.

«Denn wer Dankbarkeit hat, dem wird gegeben werden, dass er oder sie mehr als genug hat. Wer aber keine Dankbarkeit hat, dem wird auch das genommen, was er hat.»

Dieses **Geheimnis** begegnete mir vor einigen Jahren im Buch «The Magic». Seither widme ich meine Aufmerksamkeit bewusst Dingen in meinem Leben, für die ich aus ganzem Herzen dankbar bin. Heute kann ich sagen, dass ich eine sehr *reiche* Frau bin. Und zwar nicht wegen meines Kontostandes. Sondern weil ich mich jeden Tag vom Leben beschenkt fühle und so viele Dinge und Privilegien habe, die nicht selbstverständlich sind.

Wenn du magst, schreibe dir in den nächsten 21 Tagen jeden Morgen, direkt nach dem Aufstehen, mindestens drei Dinge auf, für die du *ehrlich* dankbar bist. Sei es für den neuen Tag, das warme Bett oder deinen Hund. Nichts ist zu gross oder zu unbedeutsam.

Dankbarkeit kennt keine Grenzen.

Und ja, es grenzt wirklich an ein Wunder, was die Energiefrequenz der Dankbarkeit in unseren Gedanken bewirkt. Du hast vielleicht auch schon gehört, dass sich die Struktur der Wasserkristalle harmonisiert, wenn ein Glas Wasser auf einen Zettel mit hochfrequenten Worten, wie *Dankbarkeit*, *Friede*, *Freude* oder *Liebe* gestellt wird. Unser Körper besteht zu 80 % aus Wasser. Könnte also auch bei uns funktionieren. Das war jedenfalls bei mir so.

Probiere es einfach selbst aus.

> «Wenn dir alles über den Kopf wächst, kannst du dich mit Dankbarkeit aufladen.»

Setz dich für ein paar Minuten hin und mach dir drei Dinge bewusst, für die du aus ganzem Herzen dankbar bist. Gut möglich, dass die Welt gleich ein bisschen freundlicher aussieht.

Im Buch «The Magic» von Ronda Burn findest du noch viele weitere Ideen, wie du dich mit der Kraft der Dankbarkeit verbinden kannst. Meine Lieblingsübung ist der «**Dankbarkeitsstein**». Jeden Abend nehme ich ihn vor dem Einschlafen in die Hand und entscheide mich für einen Moment aus dem Tag, für den ich besonders dankbar bin. So schliesse ich den Tag mit einer positiven Erinnerung. Dieses Ritual ist auch eine schöne Möglichkeit, mit Kindern den Tag zu beenden. Es ist wie ein Gebet und der Stein, den das Kind vielleicht selbst gefunden hat, symbolisiert die Verbundenheit zur Natur.

Wie würde wohl die Welt aussehen, wenn der moderne Mensch statt mit dem Smartphone mit dem Dankbarkeitsstein ins Bett gehen würde?

Vielleicht würden sich die Menschen mehr zuhören. Vielleicht würden sie sich auch mehr Zeit für sich nehmen. Das wünsche ich jedenfalls dir, deiner Familie und uns allen.

Nimm dir täglich Zeit für dich selbst. Egal was dir Kraft gibt. Nutze diese Orte. In die Magie der Dankbarkeit kannst du jederzeit eintauchen. Wenn du die Natur nicht in deiner Nähe hast, kannst du sie auch zu dir holen. Ich nutze gerne naturbelassene ätherische Öle, wie Balsamtanne oder Schwarzfichte, um mir den Wald ins Wohnzimmer zu holen. Weiter ist es erstaunlich einfach, mit selbstgezogenen Sprossen oder Microgreens die eigene Ernährung gehaltvoller zu gestalten. Werde kreativ, wenn es um dein Wohl geht:

Du bist der wichtigste Mensch in deinem Leben.

Du kannst andere nur unterstützen, wenn es dir selbst gut geht. Widme dich deshalb jeden Tag Dingen, die dein Herz nähren. Lass nach und nach weg, was dir Kraft nimmt. Gut möglich, dass du dich eines Tages im Spiegel als neuen Menschen erkennst.

Was du mitnehmen kannst:

Zum Mitnehmen

Natur und Dankbarkeit beleben die «Kopf – Herz – Brücke»

Geh in die Natur, um zur Ruhe zu kommen und Kraft zu tanken.

Beobachte die Natur, um Antworten auf deine Fragen zu erhalten.

Schreib dir direkt nach dem Aufstehen mindestens drei Dinge auf, für die du ehrlich dankbar bist.

Nimm am Abend den Dankbarkeitsstein in die Hand und erinnere dich an dein «Highlight» des Tages.

Nimm dir täglich Zeit für dich selbst. Egal was dir Kraft gibt. Nutze diese Orte, Tätigkeiten oder Hilfsmittel.

95

Die 7 Schritte sind vollbracht. Ich danke dir für deine Präsenz bis hierhin. Lass uns im «Résumé» zurückblicken auf den Weg, der hinter dir liegt und bereits Ausschau halten auf das, was dieses Buch noch für dich bereithält.

Résumé: Herzensweg

«Der Same kann nicht wissen, was mit ihm geschieht. Der Same kann gar nicht glauben, dass er zu einer schönen Blume werden kann: Er hat sie nie gesehen. Lang ist die Reise: Und es ist immer sicherer, sie gar nicht zu beginnen, denn der Weg ist unbekannt. Es gibt keinerlei Garantie anzukommen. Tausende von Gefahren lauern unterwegs, unzählige Fallgruben. Doch der Same versucht es: löst sich aus der sicheren Schale. Und sofort beginnt der Kampf: Er ringt mit der Erde und den Steinen. Der Same war sehr hart, aber der Spross ist ganz weich und zahllosen Gefahren ausgesetzt. Der Same war nicht in Gefahr und hätte Jahrtausende überleben können. Doch der Spross macht sich auf den Weg ins Unbekannte, zur Sonne hin, ohne zu wissen wohin und warum. Er hat es schwer. Doch der Same hat einen Traum, der ihn bewegt. Ebenso ist der Weg für den Menschen: Er ist beschwerlich und erfordert grossen Mut.»[17]

Wie es Osho in dieser ZEN-Geschichte beschreibt, hast auch du gerade Mut bewiesen. Du bist mir bis hierhin gefolgt, ohne zu wissen, wohin dich der Weg führt. Das erfüllt mich mit «gesundem» Stolz auf dich.

Unterwegs hast du dich vielleicht gefragt, weshalb ich persönliche Beispiele aus meinem Leben erzähle. Vielleicht erscheinen dir einige Passagen als zu privat oder zu belanglos. Doch mir ist in den letzten Jahren eines aufgefallen:

> Oft machen scheinbar kleine Dinge einen grossen Unterschied.

Diese Erkenntnis reifte in mir, weil meine Lehrer offen teilten, wo sie gerade stehen im Leben. Sie illustrierten damit: Jede Alltagssituation kann mit unbewussten Mustern verbunden sein. Oft ist das

Unscheinbare, das uns regelmässig begegnet, mit grossen persönlichen Themen verbunden. Solche Zusammenhänge zu erkennen, kann das Leben buchstäblich wenden.

Ich möchte in diesem Buch zeigen, dass alle Menschen nur mit Wasser kochen. Es ist erlaubt, sich *verletzlich* zu zeigen, auch wenn uns viele Jahre das Gegenteil eingeredet wurde. Natürlich bin ich täglich gefordert zu prüfen, ob ich noch dem Weg meines Herzens folge. Das Leben bietet uns zahlreiche Möglichkeiten dafür, weil es an unserem Wachstum interessiert ist.

Du hast während der 7 Schritte vielleicht Dinge erkannt, die auf den ersten Blick nichtig erscheinen. Doch sich mit den eigenen Gefühlen zu beschäftigen oder sich zu fragen, weshalb Kritik so weh tut, ist nichts Kleines.

> Dein Mut, dir selbst zu begegnen, *ehrt* dich und deine gesamte Herkunftsgeschichte.

Kopf und Herz in Einklang zu bringen, ist ein Akt der Selbstliebe. Weder der Verstand noch das Herz ist bevorzugt. Alle Seiten in uns, die *lichtvollen* und die *dunklen*, sind völlig gleichwertig und willkommen.

«Die Angst ist die andere Hälfte von Mut», hat Reinhold Messner einmal gesagt. In die schattigen Ecken unseres Lebens zu blicken, weckt Ängste. Doch in der Dunkelheit sind unsere Sinne wacher als am Tageslicht. Und selbst die absolute Dunkelheit kann keine Kerze am Scheinen hindern. Es hat etwas Friedvolles zu sehen, dass jede Münze zwei Seiten hat.

> Die Kontraste zwischen Licht und Schatten machen das Leben bunt.

Ohne den Verstand wäre die Glühbirne nie erfunden worden und ebenso wenig so viel weitere Genialität auf dieser Welt. Dennoch können wir Stimmen in unserem Kopf – die sich mit Schönheitsidealen oder beruflichem Status identifizieren – sinnvoll verändern. Dabei ist es nicht nötig, den Verstand als solches in Frage zu stellen.

Die Energie in unserem Herzen kann alle Wunden heilen. Selbstliebe bewirkt, dass wir unsere Schönheit nicht mit Masken kaschieren, um zu gefallen. Denn wisse:

Du bist nicht auf der Welt, um mir zu gefallen.

Wenn ich dich mag, hat das nichts mit deiner Frisur oder deinem Ansehen zu tun, sondern weil ich dich als gesamten Menschen *sehe* und *schätze*.[18]

Viele Menschen denken, sie verlieren Freiheit, wenn sie nicht mehr wählen können zwischen «für / gegen» oder «mag ich / gefällt mir nicht». Ihnen fehlt im Moment die Einsicht, dass ihr Herz nicht manipulierbar ist, egal wie sehr es draussen gerade stürmt. Im Herzen können wir immer *fühlen*, was wir uns gerade selbst geben können, unabhängig von der herrschenden Politik in unserem Kopf.

Die Absicht dieses Kapitels war, die Brücke zu DIR – zwischen «Kopf und Herz» – zu erschaffen:

«Mit Gedankenbausteinen, die mit Gefühlen verbunden sind, und pflegenden Selbstgesprächen, die auf Pfeilern von wahrem Wert ruhen. So kann über Wahrheit gesprochen werden, wenn nötig mit liebevoller Abgrenzung, im belebten Rahmen von natürlicher Dankbarkeit.»

Wenn Herz und Verstand Hand in Hand gehen, führt dich die Brücke in deine innere Freiheit. Dein Herzensweg trägt den Duft purer Lebensqualität.

In Teil 2 setzen wir die Reise fort und schlagen die Brücke von DIR in dein LEBEN. Pack dafür ein, was dir bis hierhin sinnvoll erscheint. Zum Mitnehmen war alles gedacht, doch du hast immer die Wahl. Wähle *weise*.

Teil 2 – Erkenne, was fehlt

«Was keiner wagt, das sollt ihr wagen
was keiner sagt, das sagt heraus
was keiner denkt, das wagt zu denken
was keiner anfängt, das führt aus.

Wenn keiner ja sagt, sollt ihr's sagen
wenn keiner nein sagt, sagt doch nein
wenn alle zweifeln, wagt zu glauben
wenn alle mittun, steht allein.

(…)

Lothar Zenetti

Die Brücke in dein LEBEN

«Würdest du mir sagen, wie es von hier aus weitergehen soll?», fragte Alice. «Das hängt zum grössten Teil davon ab, wohin du möchtest», sagte die Katze. «Ach, wohin ist mir eigentlich gleich», sagte Alice. «Dann ist es auch egal, wie du weitergehst», sagte die Katze.»

Lewis Carroll, Alice im Wunderland

In den letzten Kapiteln hast du vielleicht ein paar Dinge eingepackt, die dich *berührt* haben. Sei es, dir bewusst Zeit zu nehmen, um in dich zu lauschen oder dich ehrlich von einer Person zu distanzieren. Nun stehst du mit deinem Rucksack an einer Kreuzung mit verschiedenen Wegweisern: Einer führt zum Thema Gesundheit, andere in die Richtung von Familie und Beziehungen. Auch die berufliche und finanzielle Situation stehen als Wege zur Wahl. Sogar die Freizeit ist ein mögliches Ziel.

Hast du Lust loszulaufen?

Falls «Nein», lass die Bereitschaft, einen neuen Weg zu gehen, gerne noch reifen.

Falls «Ja», freu dich. Die wählbaren Wege sind so angelegt, dass Blicke in unbekannte Täler möglich sind. Mit Stolpersteinen ist auf jeder Strecke zu rechnen – doch auch mit ungeahnten Aussichten. Du brauchst kein spezielles Schuhwerk, doch weiterhin Mut und Ehrlichkeit. Eine Prise Humor ist immer sinnvoll.

> Das Wichtigste hast du bereits im Gepäck: deinen *Kopf* und dein *Herz*.

Wenn es um dein konkretes Leben geht, sind beide Instanzen gefragt. In deinem Herzen *fühlst* du, was fehlt, und dein Kopf *findet*

Möglichkeiten, passende Veränderungen anzustossen. Auf den ersten Blick erscheint uns häufig offensichtlich, was unser Leben bereichern könnte, doch:

> Erst bei genauerem Hinschauen wird oft klar, was die wahren Ursachen von anspruchsvollen Lebensumständen sind.

Manchmal fordert uns das Leben auf, lieb gewonnene Dinge loszulassen, damit wir unbeschwert weitergehen können. Wir wollen jedoch nichts verlieren und nehmen die Zusatzbelastung in Kauf. Was wir dabei vergessen:

> Oft finden sich im unwegsamen Gelände Blumen, die wir noch nie gesehen haben.

Die nachfolgenden Impulse dienen dir als Brücke in ein vielfältiges und erfülltes Leben. Wie gewohnt teile ich mit dir, was meine Lebensqualität steigert. Nicht zuletzt auch mittels Erkenntnissen aus der Begleitung von Menschen in herausfordernden Zeiten.

Was Lebensqualität bedeutet

Arbeitsleben, Familienleben und Eheleben: Wie soll alles nebeneinander Platz haben? Wie werde ich allem und allen gerecht? Muss ich mich für alle zerreissen? Was bedeutet «Leben» für mich?

Diese Fragen beschäftigen Menschen in meinem beruflichen und privaten Umfeld. Was zwischen den Zeilen mitschwingt, sind zwei Wünsche: mehr Zeit für sich selbst zu haben und trotzdem die Anforderungen / Aufgaben im Alltag zu meistern. Ein typisches Spannungsfeld in der heutigen Zeit. Damit einher geht die stille Sehnsucht vieler Menschen, dass beide Wünsche gleichzeitig in Erfüllung gehen.

Doch ist das überhaupt möglich?

Aus meiner Sicht «Ja», sofern es gelingt, zwischen den eigenen Ansprüchen und familiären sowie beruflichen Anforderungen ein stimmiges **Gleichgewicht** zu finden. Dann stellt sich gemäss meiner Erfahrung mehr und mehr Lebensqualität ein.

Doch was bedeutet das konkret?

Das Konzept «**Lebensqualität**» ist Thema im philosophischen, medizinischen oder politischen Diskurs. Meist wird unter Lebensqualität vor allem der Grad des subjektiven Wohlbefindens einer Person oder einer Gruppe verstanden. Je nach Lebensalter und Lebenssituation und der eigenen Auffassung von Glück und Lebenssinn fallen die Definitionen anders aus.

> Lebensqualität definiert und erlebt jeder Mensch unterschiedlich.

Was dein Leben lebenswert macht, bemerkst nur du selbst.

Was kann deine aktuelle Lebensqualität verbessern?

Diese Frage stellte ich kürzlich rund 30 Menschen in meinem Umfeld, die in unterschiedlichen Lebenssituationen und beruflichen

Feldern agieren. Häufig wurden Aspekte genannt, die mit der physischen und psychischen Gesundheit in Zusammenhang stehen, wie weniger Schmerzen / Verspannungen oder ein erholsamerer Schlaf. Im Weiteren wurde als potenziell bereichernd erachtet: Mehr *Zeit* für sich selbst respektive mehr *Freiheit* im eigenen Leben zu haben.

Die Resultate meiner Befragung führen uns damit zum populären Begriff «**Work-Life-Balance**». Der englische Ausdruck steht für einen Zustand, in dem Arbeits- und Privatleben miteinander in Einklang stehen.[19] Für die Erreichung und Aufrechterhaltung dieses Gleichgewichts sind individuelle Einstellungen und Zielsetzungen sowie betriebliche und gesellschaftliche Bedingungen von Bedeutung. In Studien wird auch erwähnt, dass verschiedene Lebensbereiche sich gegenseitig möglichst nicht behindern, sondern idealerweise unterstützen sollten. Darauf gehen wir nun genauer ein.

Standortbestimmung

Gemäss meiner Erfahrung entfaltet sich die persönlich erlebte Lebensqualität über sieben Lebensbereiche: **Gesundheit, Familie, Partnerschaft / Beziehungen, Arbeit, Wohnsituation, Finanzen** und **Freizeit**. Ein Gleichgewicht stellt sich ein, wenn wir mit der Verteilung unserer Zeit auf die verschiedenen Lebensbereiche zufrieden sind. Wobei es zu beachten gilt, dass sich die persönlichen Lebensumstände und die äusseren Bedingungen naturgemäss stets wandeln.

Ich habe die sieben Lebensbereiche in einem Netzdiagramm für dich dargestellt. So kannst du deine aktuelle Zufriedenheit pro Bereich auf einer Skala von 0 bis 10 einschätzen.

0 bedeutet: «Ich fühle mich in diesem Lebensbereich äusserst unwohl und muss dringend etwas verändern.»
10 bedeutet: «Ich bin in diesem Lebensbereich rundum zufrieden und möchte dies beibehalten.»

Mach die Einstufung *spontan* und ohne lange darüber nachzudenken. Es gibt keine richtige oder falsche Zahl. Es gibt auch kein Gut oder Schlecht. Sei einfach *ehrlich* mit dir. Es geht lediglich um eine Standortbestimmung. Eine Kurzbeschreibung der jeweiligen Lebensbereiche findest du direkt unter dem Diagramm.

Los geht's!

Stufe jetzt deine Lebensqualität in den sieben Lebensfeldern ein. Am besten kopierst du das Netzwerkdiagramm und trägst deine Werte ein. Du kannst auch das Datum notieren, damit du später noch weisst, wann du die Standortbestimmung gemacht hast. Wenn du mit verschiedenen Farben arbeitest, kannst du den IST-Zustand in ein paar Wochen noch einmal erfassen, um Veränderungen abzubilden.

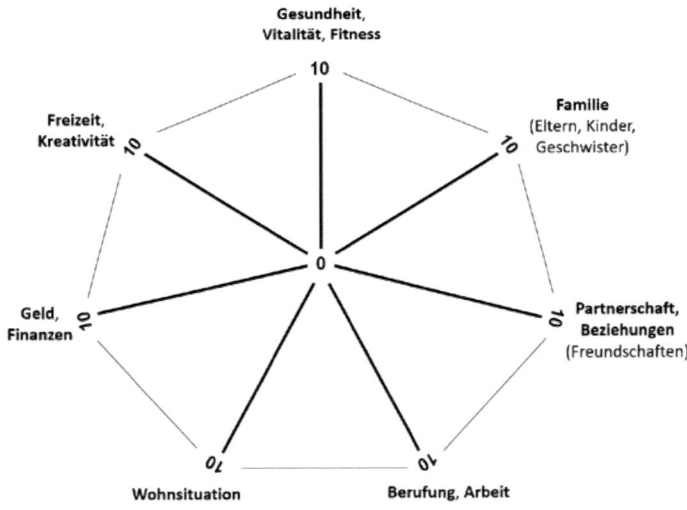

Aktuelle Zufriedenheit in sieben Lebensbereichen
(**0** = total unwohl; **10** = rundum zufrieden)

Lebensbereiche (Kurzbeschreibung)

1. **Gesundheit, Vitalität**: *Umfasst das psychische und körperliche Wohlbefinden.*

2. **Familie**: *Umfasst die Beziehung zu den Grosseltern, den Eltern, den Geschwistern, den eigenen Kindern und anderen nahen Verwandten.*

3. **Partnerschaft, Beziehungen**: *Umfasst Paarbeziehungen und die gelebte Nähe oder den Wunsch nach einer Beziehung sowie bestehende enge Freundschaften.*

4. **Berufung, Arbeit**: *Umfasst die Erwerbstätigkeit oder das selbstständige Unternehmertum sowie Aufgaben innerhalb der Familie (Betreuung, Haushaltführung).*

5. **Wohnsituation**: *Umfasst sowohl den aktuellen Wohnraum als auch die Umgebung (Nachbarschaft, Natur).*

6. **Geld und Finanzen**: *Umfasst den Umgang mit Geld, das Einkommen und das Vermögen respektive finanzielle Rücklagen.*

7. **Freizeit, Kreativität**: *Umfasst Zeit für sich selbst, kreativ gestaltbar.*

Du weisst jetzt, wie wohl du dich aktuell in den jeweiligen Lebensbereichen fühlst.

«Entscheide dich, in welchem Bereich du etwas verändern möchtest.»

Auch wenn du noch nicht genau weisst, was du konkret anpassen willst, mobilisierst du mit deiner bewussten Absicht die **Umsetzungsenergie**. Vielleicht hast du im Bereich Gesundheit aktuell eine *7* auf der Skala. Es geht nicht darum, so schnell wie möglich eine *10* zu erreichen. Bereits eine Steigerung des Skalenwerts um eine halbe Zahl kann in dir Entspannung bewirken. Oder schlicht die Erkenntnis, dass in diesem Bereich Handlungsbedarf besteht.

Die Visualisierung der Zufriedenheit in den sieben Lebensbereichen ist eine spielerische Möglichkeit, rasch Klarheit zu gewinnen.

Es wird auch deutlich, welche Bereiche du bereits so gestaltest, dass du dich rundum zufrieden fühlst. Dann kannst du dir überlegen, was du weiterhin tun möchtest, um das Wohlbefinden, zum Beispiel in deiner Wohnsituation, zu erhalten.

Wichtig ist nur, dass wir aufhören, andere Menschen oder äussere Umstände für unsere Lebensumstände verantwortlich zu machen.

«Jeder ist seines Glückes Schmied.»

Es ist unsere Aufgabe, Veränderungen anzustossen, um Entspannung ins Leben zu bringen. Und wenn du im Moment trotz Handlungsbedarf nichts verändern möchtest, ist das deine Wahl. Das ist dann zu diesem Zeitpunkt genau richtig für dich. Zudem kann es für deine persönliche Entwicklung auch wichtig sein, eine unangenehme Situation zunächst einfach so anzunehmen, wie sie ist. Wie das funktioniert, haben wir in Teil 1 dieses Buches ausführlich besprochen (→ Schritt 4).

Nun schauen wir uns die einzelnen Bereiche ein bisschen genauer an. Ich gebe dir jeweils einige Impulse, die qualitative Unterschiede in deinem Leben bewirken könnten. Die 7 Schritte aus Teil 1 dieses Buches enthalten allerdings bereits die wichtigsten Hinweise, wie es dir gelingt, mit *Kopf* und *Herz* auf deinem Weg zu navigieren. Die detaillierte Beschreibung der sieben Lebensbereiche würde den Rahmen dieses Buches sprengen. Weiterführende Informationen zu den Themen, die ich nachfolgend aufgreife, findest du auf meinem Blog: https://sonjaimoberdorf.com/blog

Öffne dich nun gerne für neue Möglichkeiten und bleib weiterhin in Verbindung mit deinem Herzen. Dort kannst du immer *fühlen*, wohin es dich aktuell zieht.

Bereich 1: Gesundheit, Vitalität

«Es kann keine Heilung im Körper statfinden, wenn wir die Heilung nicht in unserem Geist und in unserem Herzen haben.»

Dr. Joe Dispenza, Wissenschaftler

Starke Schmerzen und ernsthafte Erkrankungen begleiteten mich über viele Jahre meines Lebens. Ich war gefordert, mir immer wieder bewusst die Unterstützung von Fachpersonen zu holen oder nach operativen Eingriffen einen Schritt kürzerzutreten.

Gesundheit ist das Kostbarste im Leben.

Oft wird uns das erst bewusst, wenn wir uns unwohl fühlen oder ernsthaft erkranken. Dann ist unser grösster Wunsch das «Gesundwerden». Deshalb liegt es mir am Herzen, mit dir zu teilen, was du tun kannst, um gesund zu *sein*.

Ich eignete mir in den letzten Jahren viel Wissen an, um mein psychisches und körperliches Wohl zu fördern. Gleichzeitig beobachte ich, dass Krankheiten und Schmerzen oft der Ausdruck von energetischen Blockaden in meinem Körper sind. Der Energiestau kündigt sich vielleicht an durch Gedanken wie «es ist mir gerade alles zu viel» oder Reaktionen aus dem Umfeld wie «mir fällt auf, dass du öfter gereizt bist». Solche Gedanken oder Kommentare begegnen dir vielleicht auch manchmal. Sie laden uns ein, genauer hinzuschauen, wie es um unsere aktuelle Lebensqualität steht.

Menschen, die in meinem Umfeld schwer erkrankt sind, haben gewisse Symptome wie starke Kopfschmerzen oder ein allgemeines «Unwohlsein» vielleicht schon über Jahre bemerkt. Einige haben die Schmerzen hingenommen und / oder mit Medikamenten reguliert. Andere liessen die Ursachen der Symptome nicht beim Arzt oder einer Fachperson abklären, aus Angst vor dem Resultat. Weitere kamen schlicht nicht auf die Idee, sich zu fragen, ob die Symptome möglicherweise einen Zusammenhang mit Disbalancen im eigenen Leben haben könnten. Viele Menschen sagten jedoch im Nachhinein, dass sie erst durch eine Krankheit erkannt hätten, dass die eigene Lebensweise der Gesundheit nicht gedient hatte.

«Mens sana in corpore sano.»

Diese lateinische Redewendung bedeutet, dass ein gesunder Geist in einem gesunden Körper «wohnt». Dies wirft die Frage auf, ob ein «kranker» Geist, sprich negative oder belastende Gedanken, einen «kranken» Körper mit sich bringt:

Sind Menschen, deren Fokus eher auf Problemen und Schwierigkeiten ruht, wirklich häufiger konfrontiert mit gesundheitlichen Herausforderungen?

«Ja», sagt der Wissenschaftler Dr. Joe Dispenza. Deshalb erklärt er in seinem Buch: «Du bist das Placebo.» Aus seiner Sicht müssen mentale Aspekte mitspielen, wenn Menschen, die ein «Scheinmedikament» erhalten, zu einem gewissen Prozentsatz die besseren Heilergebnisse erzielen als Menschen, die «echte» Medikamente einnehmen oder operiert werden. Anhand von aktuellen Forschungsergebnissen aus der Neurowissenschaft, Biologie, Verhaltenskonditionierung sowie Quantenphysik entmystifiziert er die Wirkungsweise dieses Placebo-Effekts. Er illustriert, wie sich Menschen, denen die Schulmedizin keinen Erfolg brachte, sich nur durch die Kraft der Gedanken geheilt haben. Er erwähnt auch, dass Menschen erkrankten oder starben, weil sie sich als Opfer der Umstände fühlten oder an eine fatale medizinische Fehldiagnose glaubten.

Für mich ist es nachvollziehbar, dass Krankheiten entstehen können, wenn Menschen über Jahre hinweg negative Gedanken hegen. Relevant ist dabei natürlich die Frage, was zuerst da war: Die

Krankheit, die zu einer pessimistischen Einstellung führt, oder ungesunde Gedanken, die ein guter Nährboden für Krankheiten sind? Schlussendlich geht es darum, die eigene Wahrheit zu finden, inwiefern das Denken das körperliche Wohl beeinflusst (→ Schritt 5). Sich selbst die «Schuld» für Krankheiten oder Schmerzen zu geben wegen unguten Gedanken, ist allerdings nicht zielführend. Zumal ungünstige Denkmuster meist *unbewusst* ablaufen. Zudem beeinflussen zahlreiche Faktoren die Entstehung von Krankheiten, wie die Ernährung, alltägliche Belastungen im Beruf, die genetische Disposition oder Giftstoffe in der Umwelt. Im Weiteren sind auch glückliche und positiv eingestellte Menschen nicht davor gefeit, schwer zu erkranken. Doch sie haben vielleicht mehr Möglichkeiten, die Genesung mit einem guten «**Mindset**», einer gesunden Denkweise, zu begünstigen.

Mir persönlich geht es gesundheitlich besser, wenn ich meine Gedanken beobachte und den Fokus bewusst auf das lenke, was ich in anspruchsvollen Situationen verändern kann. Die eigenen Gedanken in Bezug auf das körperliche und seelische Wohl zu beobachten, kann auch für dich eine Chance sein (→ Schritt 1). Deshalb gebe ich dir gerne noch ein paar weitere Anregungen dazu.

Gesunde Gedanken

> «Das Symptom ist nicht die Krankheit, sondern der Hinweis darauf.»

Dieser Satz stammt von Kurt Tepperwein. Er machte dazu das folgende Beispiel: Wenn das rote Kontrolllämpchen im Auto aufleuchtet, wissen wir, dass etwas nicht stimmt. Wir nehmen die Warnung ernst und gehen der Ursache sofort auf den Grund. Denn es ist völlig klar, dass beispielsweise der Motor schwerwiegend geschädigt werden kann, wenn er zu wenig Öl hat. Ist die Ursache gefunden und beseitigt, zum Beispiel wenn wir den leeren Tank auffüllen, verschwindet auch das «Symptom» respektive erlischt das rote Lämpchen.

> Körperliche Symptome sind «rote Lämpchen», die uns auf ein körperliches oder seelisches Ungleichgewicht hinweisen können.

Aus meiner Sicht sendet uns unser Körper oder unser Unterbewusstsein Schmerzen, damit wir innehalten. Wir können die Einladung, uns auf die ehrliche Ursachenforschung einzulassen, annehmen oder nicht. Natürlich ist es einfacher, eine Kopfschmerztablette zu nehmen, als sich zu fragen:

Worüber zerbreche ich mir in meinem Leben gerade den Kopf? Oder: *Was macht mir gerade Bauchweh?* Oder: *Welche Laus ist mir über die Leber gelaufen?*

> Symptombekämpfung ist eine Abkürzung. Das Problem an der Wurzel zu lösen, ist ein «Umweg», der sich auszahlt.

Auch in Bezug auf das Thema «Gesundheit» ist es also wertvoll, die eigenen Gedanken zu *beobachten*, die Körperwahrnehmungen zu *fühlen* und die inneren Dialoge sinnvoll zu *lenken*. Möglicherweise sind bei dir unbewusste Glaubenssätze aktiv, die deine Gesundheit sabotieren. Erinnere dich im Umgang mit Schmerzen gerne an das, was du in Teil 1 dieses Buches gelesen hast. Zum Beispiel an die praktischen Impulse zum Umgang mit Gefühlen (→ Schritt 2) oder an das Kapitel «Ursache von Verletzungen» (→ Schritt 6).

> «Versuche, ein «Unwohlsein» in erster Linie zu bemerken.»

Für mich hat sich in den letzten Jahren bewährt, Schmerzen so bewusst wie möglich wahrzunehmen, ohne zu versuchen, die unangenehme Situation sofort zu verändern oder ihr auszuweichen. Bei sehr starken Schmerzen ist dies eine grosse Herausforderung. Doch wenn wir dem Schmerz bewusst erlauben, da zu sein, stellt sich oft bereits eine gewisse Entspannung im Körper ein, weil wir nicht gegen die Situation ankämpfen. Gleichzeitig ist ein schmerzender Kopf oder ein verspannter Muskel auch eine Möglichkeit, eine «Körperwahrnehmung» so präsent wie möglich zu *fühlen*.

Schmerzen sind nicht gegen uns: sie laden uns ein, genauer hinzuschauen.

Hilfreich kann es auch sein, für gewisse Symptome bewusst *Dankbarkeit* zu empfinden, da wir durch sie vielleicht erkennen können, dass es in unserem Leben gerade eine Veränderung braucht.

Möchtest du dich laufend mit Schmerzen auseinandersetzen oder dauerhaft gesund sein?

Diese Frage stellte ich mir nach vielen Jahren, die ich als sehr leidvoll erlebt hatte. Ich fragte ich mich auch: «Welche Vorteile habe ich, wenn ich krank bin?» Ich erkannte, dass «Kranksein» auch eine Möglichkeit ist, Mitleid zu bekommen oder eine Ausrede zu haben, um etwas nicht zu tun. Als mir dies klar wurde, habe ich mich *bewusst* dafür entschieden, gesund zu *sein*. Mir genug Beachtung zu schenken und meine Wahrheit zu fühlen (→ Schritt 5), wenn ich einer Situation ausweichen möchte, ist die Basis dafür.

Gesund *sein* ist eine bewusste Entscheidung.

Sich einen allfälligen «Krankheitsgewinn» bewusst zu machen und ehrlich einzugestehen, ist für viele Menschen oft sehr schwer und ein heikles Thema. Doch es ist sehr wichtig, dort genau hinzuschauen. Equiano Intensio sagte einmal:

«Je mehr man seine eigene Wahrheit kennt, umso weniger kann man sich selbst belügen.»

Nicht nur, was wir denken, kann unseren Körper belasten, sondern auch, was wir an Informationen, zum Beispiel aus den Medien oder unserem Umfeld, aufnehmen. Wähle deshalb bewusst, welche Inhalte du dir zu Gemüte führst – besonders in anspruchsvollen Zeiten. Die regelmässige «**Gedankenhygiene**» ist aus meiner Sicht ein wichtiger Bestandteil von nachhaltiger Gesundheit. Ebenso den Körper regelmässig bei der Regeneration zu unterstützen. Auf einige Möglichkeiten dieser Unterstützung gehe ich nachfolgend ein.

Körper reinigen

Es ist selbstverständlich, dass wir unser Auto von Zeit zu Zeit in den Service bringen, damit der Motor rund läuft und das Getriebe geschmeidig bleibt. Es zahlt sich für unsere Gesundheit aus, wenn wir auch unseren Körper und unsere Haut regelmässig pflegen. Und damit meine ich nicht das tägliche Duschen oder Zähneputzen, sondern das **Heilfasten**.

Dabei handelt es sich um eine wirkungsvolle und erstaunlich einfache Methode, um unser System auf die «Werkseinstellungen» zurückzusetzen. Das ist vergleichbar mit einem «Reset» beim Computer. Bei Fieber oder Bauchweh springt dieser Mechanismus oft *natürlich* an: wir haben weniger oder keinen Appetit. Dadurch steht mehr Energie für die körpereigenen Heilungsprozesse zur Verfügung, ohne die Zusatzbelastung durch die Verdauung.

Es gibt zahlreiche Methoden, wie gefastet werden kann. Ich habe mich in den letzten Jahren ausführlich damit beschäftigt und einiges ausprobiert. Heute nutze ich Kuren zur Darm- und Leberreinigung auf Enzymbasis mit 100 % natürlichen Zutaten.

Es ist klug, Darm und Leber zweimal jährlich zu reinigen und danach gezielt zu stärken.

Mit dem nötigen Wissen und sinnvollen Produkten ist es möglich, bereits durch einen Entlastungstag ohne feste Nahrung nicht dienliche Ernährungsgewohnheiten abzulegen. Wer es sich einrichten kann, der Verdauung und dem Geist mehrere Tage Ruhe zu gönnen, erfährt danach oft deutlich mehr **Energie** und **Lebensfreude**. So ist es mir zum Beispiel vor 5 Jahren auch gelungen, mit dem Konsum von koffeinhaltigen Getränken aufzuhören. Seither habe ich interessanterweise auch keine migräneartigen Kopfschmerzen mehr, deren Intensität mich zuvor regelmässig an meine Grenzen brachte. Zudem bin ich ohne Koffein tagsüber deutlich seltener müde.

Starke körperliche und emotionale Entgiftungssymptome sind besonders bei den ersten Fastenerfahrungen typisch, wie die «Wahre Geschichte» in der Bucheinleitung zeigt. Wer beim Fasten noch unerfahren ist, lässt sich deshalb am besten fundiert begleiten. Es gibt einige Aspekte zu beachten, um sogenannte Rückvergiftungen zu vermeiden und den Kreislauf zu unterstützen. Anfänger steigen deshalb am besten mit sanftem Saftfasten ein. Selbst gepresste Gemüsesäfte sind dabei die erste Wahl. Wer die Zeit oder Ausrüstung zum Entsaften nicht hat, kann auf frische Gemüsesäfte aus naturnaher Produktion zurückgreifen.

Je regelmässiger gefastet wird, desto milder fallen körperliche und emotionale Reaktion in der Regel aus.

Am besten fragst du dich *vor* dem Heilfasten, welche Effekte du damit erzielen möchtest und ob es dir neben der körperlichen Reinigung auch darum geht, gewisse emotionale Reaktionsmuster zu erforschen. Ich habe die Erfahrung gemacht, dass Selbsterkenntnisprozesse durch das Heilfasten angeregt werden können, besonders im Rahmen von sinnvoll gestalteten Seminaren.

Unser Körper und unser Geist sind zu viel mehr in der Lage, als wir glauben.

Während dem Fasten erleben Menschen oft eine stärkere Verbindung zu den eigenen Gefühlen und erlangen dadurch mehr **Klarheit** darüber, ob es Zeit für Veränderungen im eigenen Leben ist. Ich durfte bereits einige Menschen in ihren Reinigungsprozessen begleiten. Es ist immer wieder beeindruckend zu sehen, dass ein paar Tage ausserhalb der Ernährungsroutine und dem Alltagsgeschehen die Lebensqualität deutlich steigern können.

Eine Fastenkur wirkt am effektivsten, wenn man sich während einigen Tagen mit Priorität dem körperlichen und geistigen Reinigungsprozess widmen kann und sich daneben nicht zu viel vornimmt. Gerade in den ersten Tagen können es gewisse Symptome erschweren, dem üblichen Alltagsgeschehen zu folgen. Wer beruflich oder privat gerade zu stark angespannt ist, sollte deshalb aus meiner Sicht nicht fasten oder das Fasten auf ein passenderes Zeitfenster verschieben. Wenn die notwendigen Freiräume für eine «klassische» Fastenkur gerade nicht da sind, gibt es auch andere Möglichkeiten, um den Körper bei der täglichen Reinigung zu unterstützen.

Viele Menschen profitieren zum Beispiel, wenn sie jede Woche bewusst einen Fastentag einbauen. Eine andere Variante ist das «intermittierende» Fasten, bei dem die Zeit, in der über den Tag verteilt gegessen wird, verkürzt wird. Das Frühstück wird dazu auf den späteren Vormittag verschoben und die letzte Mahlzeit am Tag wird bewusst früher, zum Beispiel vor 18 Uhr, eingenommen. Natürlich hat auch das, was wir trinken und essen, einen direkten Einfluss auf die körperliche Regeneration und unser Wohlbefinden. Mehr dazu liest du auf den kommenden Seiten.

Gesunde Ernährung

Was trinkst du am Morgen als Erstes?

Viele Menschen starten mit einer Tasse Kaffee in den Tag. Zu dieser Zeit ist der Körper jedoch damit beschäftigt, Abfallprodukte, die während der Regeneration der Organe in der Nacht entstanden sind, auszuscheiden. Wenn wir am Morgen als Erstes ein grosses Glas lauwarmes Wasser trinken, helfen wir dem Körper diese «Schlacken» rasch auszuscheiden. Der Effekt kann mit einem Schuss frisch gepresstem Zitronensaft verstärkt werden. Die ätherischen Öle in naturbelassenen Zitrusfrüchten wirken basisch und helfen dem Körper interessanterweise beim Entsäuern. Und nach dem Mittagessen kann die Verdauung zum Beispiel mit Pfefferminzblättern oder -tee unterstützt werden.

> Meist finden sich «natürliche Heilmittel» in jedem Haushalt.

Wissenschaftliche Studien haben gezeigt, dass Knoblauch und andere Lauchgemüse entzündungshemmend wirken und dadurch der Entstehung von Krankheiten vorbeugen. Dass Gewürze wie Salbei oder Kümmel positive Effekte auf die Verdauung haben, ist nichts Neues.

Anthony Williams schreibt seit vielen Jahren Bestseller zu alternativen Heilmethoden (→ Literaturempfehlung). Seine Grundtheorie basiert auf der Annahme, dass unser Körper täglich zahlreichen Belastungen ausgesetzt ist: Strahlenbelastungen, Schwermetallen, Krankheitserregern, Pestiziden oder dem Alltagsstress. Williams geht davon aus, dass Obst, Gemüse, Kräuter und Wildpflanzen heilende Wirkungen auf den Körper haben und ihn wirksam bei der Entgiftung unterstützen können.

Wer wenig Gemüse oder Früchte zu sich nimmt und nicht auf die positiven Effekte der enthaltenen ätherischen Öle verzichten möchte, kann auf hochkonzentrierte Pflanzenessenzen in therapeutischer Qualität zurückgreifen. Es ist auch sehr einfach, Getränke, Süssspeisen, Gebäck oder Saucen mit einem Tropfen Orange, Vanille, Zimt oder Oregano geschmacklich und gleichzeitig «gesundheitlich» aufzuwerten. Dabei gilt es zu beachten, dass **ätherische Öle** nur zur Einnahme zugelassen sind, wenn diese als Nahrungsergänzung gekennzeichnet sind. Nähere Informationen dazu findest du bei Bedarf hier: https://sonjaimoberdorf.com/aetherische-oele

Was nährt dich wirklich in deinem Leben? Welche Lebensmittel tun dir gut?

Wenn du Lust hast, beobachte in den kommenden Tagen, was du zu dir nimmst und wie du dich danach *fühlst.*

Die sinnvolle **Kombination** und **Reihenfolge** der Nahrungsmittel kann den Körper in seinen natürlichen Reinigungsabläufen unterstützen. Wenn wir schlafen, läuft die Reinigung und Regeneration der Organe auf Hochtouren. Die Abfallstoffe scheidet der Körper im Laufe des Vormittags aus. Deshalb habe ich mir angewöhnt, am Vormittag leicht verdauliche Nahrungsmittel zu mir zu nehmen. Früher konnte ich nicht ohne Frühstück aus dem Haus. Heute nehme ich energiedichte Nahrungsmittel erst gegen Mittag und am späteren Nachmittag zu mir. Dann ist unser Verdauungsfeuer nämlich am stärksten.

Auf der Suche nach Möglichkeiten, vitaler zu leben, bin ich auf die Themen «Rohkost» und «Wildkräuter» gestossen. Diese Ernährungsform hat nichts mit «Körnerpicken» oder Verzicht zu tun. Es geht vielmehr darum, dass wir achtsamer werden, was wir essen und wie wir uns danach fühlen.

«Je vitalstoffreicher unsere Nahrung, desto natürlicher unser Essverhalten.»

Der Ernährungsspezialist Christian Dittrich-Opitz geht davon aus, dass wir mit vitalstoffreicher Nahrung besser *fühlen*, was unser Körper wirklich braucht – jenseits von Nahrungsmittelpyramiden und Nährwerttabellen, die die individuellen Bedürfnisse nicht abbilden. Natürlich sind Nährwertangaben auf Nahrungsmitteln für viele Menschen, die ihre Ernährung mit weniger Zucker, Salz oder Weizenprodukten (Gluten) gestalten wollen oder nicht alle Inhaltstoffe vertragen, nützlich. Besonders am Anfang meiner «Ernährungsumstellung» war ich auch dankbar, mich an Standardwerten orientieren zu können. Mit zunehmender Erfahrung und mehr **Körperbewusstsein** finden wir jedoch zurück zu einem Essverhalten, das ich persönlich als «angenehme Wahlfreiheit» bezeichne. Dabei gilt es lediglich den Hinweis von Paracelsus zu beachten:

«Die Dosis macht das Gift.»

Entscheidend ist aus meiner Erfahrung auch, mit welcher inneren Haltung wir etwas essen oder zubereiten. Wenn ich ein Eis mit allen Sinnen *geniesse* oder wenn ich Mahlzeiten mit einer Prise «Humor und Liebe» zubereite, dient dies dem Wohlbefinden. Wer beim Essen ein «schlechtes Gewissen» hat oder gleichzeitig «negative Nachrichten» konsumiert, tut sich nichts Gutes. Deshalb halte ich vor dem Essen nach Möglichkeit kurz inne, um meine Mahlzeit bewusst mit Dankbarkeit und Vorfreude zu «segnen». Zudem nehmen wir dem Magen und dem Darm durch ausgiebiges Kauen viel Arbeit ab. Darauf verweist auch der Titel eines Buches von Jürgen Schilling:

«Kau Dich gesund!»

Probiere am besten selbst aus, welchen Einfluss Änderungen in der Ernährung auf deine Gesundheit und dein Wohlbefinden haben. *Was* und *wie viel* du wann isst, kann nämlich auch deinen Schlaf beeinflussen.

Gesunder Schlaf

Fühlst du dich nach dem Aufstehen ausgeruht? Bist du am Morgen voller Tatendrang?

Wenn «Ja», wunderbar. Falls «Nein», willkommen im Club! Denn Schlafforscher sagen, dass von 10 Menschen 8 bis 9 über Schlafprobleme klagen: Sie können nicht ein- oder durchschlafen, werden zu früh wach oder haben zu wenig Schlaf. Du bist also in bester Gesellschaft, wenn dich das Thema betrifft.

Die Schlaflosigkeit begleitet mich persönlich seit einigen Jahren. Gerne teile ich nachfolgend mir dir, wodurch sich meine Schlafqualität massgeblich verbessert hat und wie ich mich auch in nächtlichen Wachphasen ausruhen kann.

Die sogenannte «Insomnie» kann viele Ursachen haben. Treten die Schlafstörungen nur selten auf, beispielsweise weil ein aufregendes Ereignis bevorsteht, so gleicht der Körper den zeitweisen Schlafmangel problemlos aus. Doch wer regelmässig in der Nacht wach ist, sollte der Ursache auf den Grund gehen.

«Schlaf ist das tägliche Brot der Seele.»[20]

Im Schlaf regeneriert sich unser Körper. Deshalb hat der Schlaf direkten Einfluss auf unsere Gesundheit. Gemäss Dr. G. Amann-Jennson beeinflussen Schlafdefizite das Immunsystem und die Psyche ungünstig. 10 bis 15 Minuten zum Einschlafen seien «normal». Wer bereits nach 2 Minuten einschlafe und einen Wecker brauche, um aufzuwachen, habe ein Schlafdefizit. **Wichtig zu wissen**: Schlafmedikamente erzeugen künstlichen Schlaf, der nicht erholsam ist, und sie können abhängig machen. Deshalb sollte der Einsatz wohl überlegt und ärztlich begleitet sein.

Was ist also zu tun, um besser zu schlafen?

Manchmal sind einfach ungünstige Gewohnheiten der Grund für schlaflose Stunden. Beobachte deshalb die eigenen Schlafgewohnheiten und probiere aus, was entsprechende Anpassungen bewirken. Nachfolgend fünf praktische Ansatzpunkte:

1. Ernährung: Zucker, Fett, Kaffee oder Alkohol hindern den Schlaf. Ideal sind leichtverdauliche Mahlzeiten einige Stunden vor dem Schlafen. Auch das Rauchen beeinflusst den Schlaf ungünstig.

2. Mittagsschlaf: Während «Nickerchen» bis zu 30 Minuten kann unser Gehirn auftanken. «Powernaps» sind nicht empfehlenswert für Menschen mit Einschlafstörungen, da dadurch der Schlafdruck sinkt.[21]

3. Schlafumgebung: Das Schlafhormon Melatonin wird gestört von Licht und zu viel Elektronik im Schlafzimmer. Schlafe in absoluter Dunkelheit und schalte das Smartphone bewusst aus. Auch die Raumtemperatur sollte nicht zu hoch sein. Das Vernebeln von ätherischen Ölen wie Lavendel (mittels kaltem Wasser in einem geeigneten Ultraschall-Diffuser) beruhigt und fördert den Schlaf.

4. Stress abbauen: Alles, was Stress erzeugt, wirkt sich negativ auf den Schlaf aus. Entspanne dich vor dem Schlafengehen zum Beispiel mit einem Bad oder durch Meditation. Schalte die Bildschirme mindestens eine Stunde vor dem Schlafen bewusst aus, damit dein Nervensystem herunterfahren kann.

Tipp: Wenn dir im Bett noch etwas Wichtiges einfällt, steh auf und notiere die Sache. Dann sind Erinnerungsgedanken nicht mehr nötig.

5. Traumtagebuch: Das Unterbewusstsein kommuniziert mit uns über den Traumkanal. Je öfter wir Träume aufschreiben, desto besser erinnern wir uns an die Inhalte. Oft zeigen sich wiederkehrende Themen, die für unser aktuelles Leben von Bedeutung sind. Wie wir uns während und nach dem Traum *fühlen,* ist besonders aufschluss-reich.

Je mehr Gedanken wir uns über das «Nichtschlafen» machen, desto grösser wird das Problem. Seitdem ich aus der Schlaflosigkeit kein Drama mehr mache, kann ich mit «ihr» sehr sinnvoll umgehen. Falls ich den Schlaf zum Beispiel nach dem nächtlichen Toiletten-gang nicht wiederfinde und der Kopf aktiv wird, lese ich in einem inspirierenden Buch, bis ich wieder müde werde. Oder ich nutze die Schlafunterbrechung zum Meditieren. In der Nacht sind unser Kör-per und unser Gehirn viel entspannter als am Tag. Deshalb ist es nachts oft einfacher, in meditative Zustände zu gelangen, um inte-ressante Erkenntnisse für das eigene Leben zu erschliessen.

> Ich gestalte mein Leben so, dass ich selten auf einen Wecker angewiesen bin.

Ich habe die berufliche Flexibilität, Gesprächstermine auf die zweite Hälfte des Vormitttags zu legen. Allerdings wache in der Re-gel auch ohne Wecker mit dem Sonnenaufgang auf. Ich bin keine «Nachteule» und gehe vor Mitternacht ins Bett, weil meine produk-tivste Zeit der Morgen ist. Ob du nun nachtaktiv oder ein Morgen-mensch bist – diesen Tipp kannst du sofort umsetzen, um weniger auf den Wecker angewiesen zu sein:

> Wer früher ins Bett geht, kann jeden Tag ausschlafen.

Aus statistischer Sicht schlafen Menschen durchschnittlich 7.5 Stunden. Die **Schlafdauer** ist individuell jedoch sehr unterschied-lich.

> «Beobachte deine Schlafdauer im Urlaub oder am Wo-chenende, um herauszufinden, wie viele Stunden Schlaf du brauchst, um erholt und fit zu sein.»

Jeder **Schlafzyklus** besteht aus verschiedenen Phasen, die sich ab-wechseln: leichter Schlaf, Tiefschlaf, Traumphase. Ein gesamter

Schlafzyklus dauert 90 Minuten. Wer am Ende eines Zyklus erwacht, fühlt sich direkt ausgeschlafener als jemand, der mitten in der Tiefschlafphase geweckt wurde.[22]

Zudem mache ich die Erfahrung, dass ich auch in Nächten mit weniger Schlaf tagsüber durchaus sehr produktiv bin. Diese Feststellung teilen vermutlich Eltern von kleinen Kindern mit mir – sie müssen sich nämlich damit arrangieren, womöglich ein paar Jahre (!) mit wenig Schlaf auszukommen. Manchmal stelle ich mir diese Frage, die auch für dich interessant sein könnte:

Würde ich überhaupt bemerken, dass ich zu wenig geschlafen habe, wenn ich das gar nicht wüsste?

Bleib im Vertrauen, dass dein Körper einen Weg zurück zum gesunden Schlaf finden wird. Wir können Schlafen nicht verlernen. Und unser Körper kann nachts auch in Wachphasen «ruhen». Bei chronischen Schlafstörungen empfehle ich dir dennoch, dich an Fachleute zu wenden.

Abschliessend zum Kapitel «Gesundheit» ist es wichtig zu erwähnen, dass bei ernsthaften gesundheitlichen Problemen immer ein Arzt aufgesucht werden sollte. Ich bin keine Wissenschaftlerin oder Ärztin. Meine Tipps und Erfahrungen zu einer gesunden Lebensweise dienen deiner Inspiration.

Unsere Gesundheit stärken wir am besten, indem wir Verantwortung für sie übernehmen.

Bereits 30 Minuten im Wald zu spazieren, herzhaft zu lachen, ehrliche Dankbarkeit zu praktizieren oder gelegentlich kalt zu duschen, stärkt das Immunsystem. Es gibt viele Ansatzpunkte. Lass dich von Menschen mit einem gesunden Lebensstil anregen. Probiere aus, was dich neugierig macht. Gut möglich, dass diese eine Sache dein Wohlbefinden massgeblich verbessert.

Was du mitnehmen kannst:

Zum Mitnehmen

Für deine Gesundheit

Nutze Symptome als Hinweis auf ein körperliches oder seelisches Ungleichgewicht. Geh auf die Suche nach den wahren Ursachen und lass dich dabei bei Bedarf begleiten.

Entscheide dich dafür, dauerhaft gesund zu sein. Beobachte, welche Gedanken deiner Gesundheit dienlich sind und welche du loslassen möchtest.

Gönne deinem Körper regelmässig Fastentage, in denen du weniger isst. Nutze regelmässig Naturheilmittel, um den Körper beim Reinigen und Regenerieren zu unterstützen.

Beobachte, wie du dich nach dem Essen fühlst. Vielleicht nimmst du Unterschiede wahr nach dem Verzehr von naturbelassenen Produkten im Vergleich zu «Fast Food». So entwickelst du ein Bewusstsein dafür, welche Nahrungsmittel dir im Moment besonders guttun.

Komm vor dem Schlafengehen zur Ruhe und mach dein Schlafzimmer zu einem Ort der Entspannung. Achte auf deine Träume und wie du dich dabei fühlst. Beobachte, wie viel Schlaf du benötigst, um ausgeruht zu sein.

Übernimm Verantwortung für deine Gesundheit. Beginne, dich in Themen wie Ernährung, Schlaf, Erholung usw. zu vertiefen und den gesünderen Lebensstil schrittweise in deinen Alltag zu integrieren.

Bereich 2: Familie

«Liebe ist nicht das, was man erwartet zu bekommen,
sondern das, was man bereit ist zu geben.»

Kathrine Hepburn, Schauspielerin (1907–2003)

«Was ist dir am wichtigsten im Leben?» Auf diese Frage antworten Menschen in meinem Umfeld häufig: «Die Familie.» Jeder Mensch hat einen bestimmten Personenkreis, der nach seinem Gefühl zur Familie «gehört». Wir werden – scheinbar zufällig – in unsere Familien hineingeboren. Die ersten Jahre, die wir als Kinder mit den engsten Bezugspersonen verbringen, prägen massgeblich, wie wir unser Leben später gestalten. Und wenn sich das Leben zu Ende neigt, ist es wiederum die Familie, nach der wir die Hand ausstrecken.

Wenn ich in diesem Kapitel von Familie spreche, ist sowohl die Beziehung zu den eigenen Eltern, Grosseltern und Geschwistern sowie zu den eigenen Kindern und anderen nahen Verwandten gemeint. Die Beziehungen zu Partnern und im Rahmen von Freundschaften werden im nächsten Kapitel thematisiert. Nachfolgend geht es unter anderem darum, weshalb Beziehungen innerhalb der Familie anspruchsvoll sein können und was die wahre Verbundenheit in Familien stärken kann.

Unsichtbare Bindung

Bereits während der Schwangerschaft ist das Neugeborene gefühlsmässig eng mit seiner Mutter verbunden. Nach der Geburt werden seine Grundbedürfnisse nach Wärme, Nahrung, Zuwendung und Pflege durch die Mutter gestillt: Es fühlt sich bei ihr geborgen. Die Bindung an weitere Menschen wie den Vater, die Geschwister oder die Grosseltern hängt davon ab, inwieweit sich das Kind in ihrer Nähe wohlfühlt.

Durch enge Bindungen können kleine Kinder Vertrauen in die Menschen und das Leben aufbauen.

Die Familie ist die natürliche Umgebung, in der Kinder gedeihen und heranreifen können. Entsprechend schwierig sind die Startbedingungen für Kinder, die nicht im familiären Umfeld aufwachsen können. Wenn ein Kind in den ersten Lebensjahren nicht das bekommt, was es für seine Entwicklung braucht, fällt es ihm in der Schule oder als Erwachsener womöglich schwer, sich auf Beziehungen einzulassen oder konstruktiv mit Stress oder Anforderungen umzugehen.

Eines der ersten Worte, das Kinder aussprechen, ist «ich». Sein Name wird zum Gefäss für eigene Erfahrungen und die Ansichten der Eltern. Aus diesen Inhalten entwickelt das Kind sein Selbstbild. Und irgendwann glaubt es zu wissen, wer es ist.[23]

Kinder entdecken die Welt «durch» die Augen ihrer Eltern und Geschwister.

Kinder werden von ihrer Familie geprägt und identifizieren sich mit ihr. Im Laufe der Kindheit bilden Kinder die eigene **Identität** aus. Teenager verhalten sich zeitweise oft nicht mehr so loyal gegenüber ihren Eltern oder der Herkunftsfamilie. Diese Phase ist für alle Beteiligten herausfordernd – doch völlig *natürlich*.

In Sozialwissenschaften wird die «Sozialwerdung» eines Menschen als Sozialisation bezeichnet. Durch das Erlangen von Wissen, Fähigkeiten und Einstellungen werden aus Kindern Gesellschafts- oder Gruppenmitglieder. Die Sozialisation umfasst die ganze Lebensspanne. Wir lernen nie aus. Auch als Erwachsene sind wir laufend gefordert, uns an neue Gegebenheiten anzupassen, wie zum Bespiel beim Wechsel der Arbeitsstelle, des Wohnortes oder beim Eintritt in ein Altersheim.

Viele Menschen erleben die Beziehung zu bestimmten Familienmitgliedern als anspruchsvoll. Meinungsverschiedenheiten oder Konflikte können dazu führen, dass wir ein Familienmitglied meiden oder ihm gegenüber gar «Hass» empfinden. Um zu erklären, weshalb wir uns mit der Familie verbunden fühlen oder diese ablehnen, möchte ich die Perspektive der Ahnen und Vorfahren aufgreifen.

Heilsame Wurzeln

Ist dir auch schon einmal aufgefallen, welche Wirkung die blosse Anwesenheit deiner Mutter, deines Grossvaters oder deines Bruders auf deine Gedanken oder dein Verhalten hat? Welche Gedanken machst du dir, wenn du einen Anruf in Abwesenheit von deiner Tochter oder deinem Vater hast?

Nimm diese Fragen gerne mit in deinen Alltag, um zu beobachten, welchen Einfluss nahe Verwandte auf dein Denken und Fühlen haben können. Dies hängt damit zusammen, wie eng unsere Beziehung mit einer Person aus unserer Familie ist und ob wir mit ihr bis jetzt *positive* oder *negative* Erfahrungen gemacht haben. Doch welchen Job wir wählen und was uns gefällt oder nicht, wird auch von anderen Menschen aus unserer Familie «mitbestimmt»: von Verwandten, mit denen wir scheinbar nicht eng verbunden sind oder die wir vielleicht gar nicht kennen, wie zum Beispiel unseren Eltern, unseren Grosseltern, Ur-Grosseltern usw. Die Ahnen mütterlicher- und väterlicherseits beeinflussen auf einer unbewussten Ebene zum Beispiel, wie wir über Frauen und Männer denken und wie wir unsere Weiblichkeit oder Männlichkeit selbst zum Ausdruck bringen. Dieser Zusammenhang wurde mir erst bewusst, als ich mir (im Rahmen der Ausbildung bei Equiano Intensio) Zeit für die **Ahnenforschung** nahm.

So konnte ich erkennen, in welchen Situationen ich ähnlich reagiere wie meine Mutter oder mein Vater. Zudem wurde mir klar, dass gewisse Themen, die mich beschäftigen, auch für einen Grosselternteil anspruchsvoll waren. Durch das Kennenlernen meiner Ahnen sah ich auch, welche Krankheiten durchlebt oder wie Verluste gemeistert wurden und welche Talente in mir weiterleben.

Durch die Auseinandersetzung mit den eigenen Wurzeln lernen wir uns besser kennen.

Wir können nach und nach klarer unterscheiden, welches Verhalten wir von unseren Vorfahren reproduzieren und an welcher Stelle sich unser aktuelles Leben mit der Familiengeschichte «reimt».

Kim Fohlenstein geht in ihrem Ansatz der «Ahnenmedizin» davon aus, dass wir zellbiologisch jeweils aus den Erfahrungen unserer Vorfahren aufgebaut sind.[24] Diese Informationen fliessen über unser Nervensystem ständig in unsere Handlungen und Entscheidungen ein. Wenn Menschen in Not sind, ist ihr Handeln mit den dazugehörigen Erfahrungen sehr ausschlaggebend für die nachfolgenden Generationen und wird deshalb «vererbt».

«Alles, was sich als nützliches Handeln erweist, wird von Generation zu Generation weitergegeben.»

Wie Erfahrungen unsere Gene steuern, wird in der Epigenetik erforscht. Der Zellbiologe Bruce Lipton erklärt die Zusammenhänge sehr anschaulich in seinem Buch «Intelligente Zellen» (→ Literaturempfehlung). Auch Aditya Novotny geht in seinen Trainings davon aus, dass genetische Informationen, die wir von unseren sieben Vorgenerationen mitbekommen haben, in vielfacher Weise auf die jetzigen Generationen wirken: «Von 20'000 bis 25'000 Genen sind nur 6'000 Gene für die biologischen Körperfunktionen zuständig, während die restlichen 14'000 bis 19'000 Gene psychologische, emotionale, mentale und andere Faktoren, die «in der Familie liegen», weitervererben.» Das bedeutet demnach:

Auch limitierende Denkmuster und unterdrückte Gefühle können von Generation zu Generation weitergegeben werden.

Es ist hilfreich zu verstehen, dass auch unterdrückte Gefühle wie *Wut*, *Angst* oder *Bitterkeit* über Generationen weitergegeben werden können. Sobald uns dies bewusst wird, können wir diese Gefühle stellvertretend «nachfühlen» (→ Schritt 2). Wenn wir Dinge sagen, die wir gar nicht sagen wollen, kann es sein, dass eine «**Ahnenstimme**» aus uns spricht. Beobachte gerne, ob du manchmal etwas sagst, das eigentlich wie «deine Mutter» oder «dein Grossvater» klingt. Wenn es dir gelingt, diese Stimme als Teil von dir zu ehren, «widerfährt» sie dir womöglich weniger unkontrolliert.

Bei der Begleitung von Menschen in anspruchsvollen Situationen arbeite ich gerne mit der Ahnenperspektive. Denn eines ist klar:

Widerstand gegenüber einem Familienmitglied trübt die eigene Lebensqualität.

Gleichzeitig haben wir die Möglichkeit, zuerst bei uns zu schauen, was eine familiäre Situation mit uns selbst zu tun hat. Die Familie ist der ideale Ort, die «Weisheiten des Spiegels» (→ Schritt 6) zu üben. Gerne hätten wir beispielsweise, dass unsere Mutter aufhört, uns die Ohren mit ihren Problemen zu füllen. Doch vielleicht ist ihr Verhalten für uns schlicht eine Möglichkeit, uns in ehrlicher Abgrenzung zu üben. Passend dazu sagte der Psychologe Ram Dass einmal:

«Wenn du denkst, du bist erleuchtet, verbring ein Wochenende mit deiner Familie.»

Unsere Lieben spiegeln oft «treffsicher», welche Themen uns noch limitieren. In der Familie können wir deshalb Verhaltensmustern, die wir *unbewusst* vielleicht schon viele Jahre haben, besonders gut auf die Schliche kommen.

Und wenn du dein Ahnensystem verstehst, kannst du ein Verhalten, das du eigentlich nicht an den Tag legen möchtest, bis zu dessen Ursprung zurückverfolgen. So hast du die Möglichkeit, dich auch mit dunklen Seiten, welche alle Menschen haben, zu versöhnen. Du lernst dich als Mann oder als Frau auf einer tieferen Ebene kennen.

Vielleicht hast du Lust, dich in der kommenden Zeit deinen Wurzeln zu widmen. Wenn «Ja», kannst du deinen Eltern oder Grosseltern bei Gelegenheit Fragen wie diese stellen:

Was waren die grössten Herausforderungen in deinem Leben?

Wie hast du diese gemeistert?

Was war oder ist dein grösster Traum?

Was würdest du aus heutiger Sicht anders machen in deinem Leben?

Falls deine nächsten Verwandten nicht mehr leben, befrage einfach Menschen, die sie kannten. Die Mühe lohnt sich: du wirst neue Aspekte deiner Herkunftsgeschichte entdecken. Diese Erfahrung möchte ich nicht mehr missen. Equiano Intensio hat dazu sinngemäss einmal gesagt:

> «Ahnenarbeit bedeutet *hinsehen*, *fühlen* und den Bezug zum eigenen Leben herstellen.»

So haben wir die angenehme Wahl innezuhalten, um dann etwas bewusst zu *tun* oder zu *lassen*. So sind wir auch für unsere Kinder ein Vorbild und können unseren Umgang mit ihnen klarer gestalten.

Mit Kindern wachsen

«Wir könnten so viel von den Kindern lernen,
wenn wir nicht so erwachsen wären.»

Irmgart Erath, Autorin

In meiner beruflichen Tätigkeit habe ich bereits viele Eltern und deren Kinder begleitet, oft in sehr komplexen Situationen. Ich bin überzeugt, dass Eltern ihre Sprösslinge nach bestem Wissen und Gewissen «erziehen». So wie es ihnen zum jeweiligen Zeitpunkt möglich ist. Dennoch passiert es im Alltag häufig, dass wir als Erwachsene ungünstig reagieren, weil Kinder unseren Wohlfühlbereich strapazieren.

> Kinder «spiegeln» uns eigene Verletzungen aus der Kindheit, die wir nicht fühlen wollen.

Deshalb versuchen wir ihnen womöglich ein Verhalten beizubringen, das für uns und unser Umfeld angenehm ist. Auch die meisten Schulsysteme sind darauf ausgelegt, dass Kinder bestimmte Erwartungen erfüllen und es Konsequenzen hat, wenn ihnen dies nicht gelingt. Aus meiner Sicht bringen Kinder mit ihrem Verhalten oft nur zum Ausdruck, was zum Beispiel nicht ausgesprochen wird in der Partnerschaft oder wo sich gerade etwas widersprüchlich anfühlt. Wir können also viel von unseren Kindern lernen, wenn wir ihnen mit offenem Herzen begegnen, das heisst im wahrsten Sinne auf «Augenhöhe». Gleichzeitig können wir Kindern vorleben, Gefühle zu *fühlen* statt diese zu unterdrücken.

> Kinder fordern uns auf, die eigene Wahrheit zu fühlen und *klar* zu kommunizieren.

Kinder dürfen spüren, dass es für ein harmonisches Familienleben gewisse Regeln braucht, die von allen eingehalten werden. Die meisten Kinder sind gerne bereit, ihren Beitrag für die Gemeinschaft zu leisten, wenn wir nachvollziehbar erklären, welchen Nutzen sie und alle davon haben. Kinder spüren haargenau, wenn wir etwas von ihnen erwarten, das wir selbst nicht tun. Deshalb ist für mich im Umgang mit Kindern die «Goldene Regel» aus der angewandten Ethik hilfreich:

«Was du nicht willst, das man dir tut, das füg auch keinem anderen zu.»

Im Umgang mit Kindern ist auch diese Frage interessant:

Wäre ich bereit, das zu tun, was mein Kind gerade tun muss?

Und falls die innere Antwort «Nein» lautet:

Was fühle ich, wenn mein Kind etwas über sich ergehen lassen muss, das es nicht möchte?

Mutter oder Vater zu sein, bedeutet also auch Schmerz zu fühlen. Eltern dürfen sich immer wieder bewusst machen, wo sie von den eigenen Kindern etwas fordern, das für sie in der Kindheit selbst schmerzhaft war. Gleichzeitig ermuntere ich Eltern dazu, sich im Umgang mit den eigenen Kindern zu erlauben, Fehler zu machen.

Eltern scheitern. Das ist ein *natürlicher* Lernprozess.

Kinder brauchen für die gedeihliche Entwicklung vor allem die **Präsenz** der Eltern. Unsere Aufgabe ist es, den Raum zu halten für ihre Lernprozesse. Wir sind immer wieder gefordert, uns auf alle Wesensanteile der kleinen Menschen einzulassen. SEOM hat, kurz nachdem er zum ersten Mal Vater geworden war, ein sehr berührendes Ritual in seinem Newsletter geteilt. Er sage seinem Sohn jeden Morgen und jeden Abend Folgendes, seitdem er auf der Welt sei:

«Das Leben liebt dich. Ich liebe dich, wie du bist. Das gesamte Universum steht hinter dir. Du kannst sein, was auch immer du sein willst.»

Kinder liebevoll zu begleiten, heisst für mich vor allem vorzuleben, mit dem eigenen Herzen verbunden zu sein und sich verletzlich zu zeigen. Es ist wichtig, dass sich Eltern auch erlauben, Raum für sich zu haben, um Kraft zu tanken (→ Schritt 7). Zeit für Regeneration und Ausrichtung braucht jeder Mensch. Besonders Mütter mit kleinen Kindern profitieren, wenn sie im Alltag bewusst «Mini-Pausen» einbauen, in denen sie gerade nicht zur Verfügung stehen für andere, sondern nur für sich selbst da sind. Der «Trick» besteht darin, sich nicht mehr «aufzuhalsen» als nötig.

Kinder auf ihrem Lebensweg begleiten zu dürfen, ist eine der schönsten und anspruchsvollsten Aufgaben zugleich. Die «Elternschaft» ist eine **Intensivausbildung** in Persönlichkeitsentwicklung. Wer sich darauf bewusst einlässt, kann im wahrsten Sinne des Wortes über sich hinauswachsen.

Kleine Kinder sind grosse Lehrmeister. Sie zeigen uns, was es bedeutet, im «Jetzt» zu leben.

Im nächsten Kapitel geht es um die Partnerschaft und Freundschaften.

Was du mitnehmen kannst:

Zum Mitnehmen

Für deine Familie

Beobachte, wie die Anwesenheit eines Familienmitgliedes dein Verhalten beeinflusst. Wähle, wie du dich allenfalls zukünftig verhalten möchtest.

Lerne deine Eltern und Grosseltern neu kennen. Befrage sie zu ihren Träumen und Herausforderungen im Leben. Stelle mit den Antworten Bezüge zu deinem eigenen Leben her.

Beobachte, ob manchmal die Stimme eines Eltern- oder Grosselternteils «durch» dich spricht. Ehre die Stimme als Teil von dir und lenke sie freundlich.

Für Eltern

Sei dir bewusst, dass Kinder mit ihrem Verhalten Widersprüchlichkeit ausdrücken können und uns manchmal den Spiegel vorhalten.

Lebe Kindern vor, Gefühle zu fühlen, ohne sie weghaben zu wollen, und Dinge ehrlich auszusprechen, auch wenn das unangenehm ist.

Sei einfach da für dein Kind. Halte den Raum, auch wenn es mal tobt, ohne es verändern zu wollen. Sage ihm besonders in diesen Momenten, dass es liebenswert ist, so wie es ist.

Lass dein Kind dein «Lehrer» sein: Erfreue dich wieder mehr am jetzigen Moment.

Halte auch deinen Raum. Schaffe regelmässig Zeit für deine Regeneration und neue Ausrichtung.

Bereich 3: Partnerschaft, Beziehungen

«Es erscheint paradox, dass sich zwei Menschen vereinen und gleichzeitig zwei Menschen bleiben.»

Erich Fromm, Psychologe (1900–1980)

Die grössten Herausforderungen im täglichen Leben zeigen sich oft in zwischenmenschlichen Beziehungen. Insbesondere innerhalb von Partnerschaften. Wer einen Partner hat, der erlebt die Beziehung oft nicht nur als erfüllend und glücklich, sondern häufig auch als kompliziert und kraftraubend, während andere viele Jahre lang keinen passenden Partner finden. Beides kann die Lebensqualität massgeblich trüben.

Hast du auch schon Paare beobachtet, die sich im Restaurant gegenübersitzen, ohne dabei ein Wort zu wechseln?

Wie es dazu kommen kann, erklärt der Psychologe David Schnarch in einem seiner Bücher in etwa folgendermassen.[25] Der Mann und die Frau gehen davon aus, sich gegenseitig zu kennen. Jeder glaubt bereits zu wissen, was oder wie der andere antworten / sich verhalten wird. Dieser Glaube führt dazu, dass sich Paare nichts mehr zu sagen haben. Sie bleiben hängen in ihren Gedanken übereinander statt auszutauschen, was sie *jetzt* gerade beschäftigt. Und dies ist der Nährboden für Missverständnisse, die dazu führen, dass sich beide Partner in der Beziehung unglücklich fühlen. Wenn sich beide darüber aufregen, was der andere tut oder lässt, entstehen Frustration, Enttäuschung und Leid. Gemäss Eckhart Tolle[26] gibt es in diesen Situationen zwei Möglichkeiten: Entweder das Paar ignoriert den unbefriedigenden Zustand zunächst, bis vermehrt Konflikte aufflammen, die in einer Trennung münden können. Oder beide sind bereit, sich die gegenseitigen Reaktionsmuster *bewusst* zu machen. Das Schauspiel, nur aufeinander zu reagieren, hört dann auf, wenn sich beide endlich erlauben, so zu sein, wie «frau / man» ist. Der Preis dafür ist es, ein Muster, das vielleicht über Jahrzehnte dem eigenen Ego gedient hat, loszulassen. Viele Menschen sind dazu allerdings nicht bereit. Zu gross ist die Angst davor, dass ihnen ohne das Muster nichts mehr bleibt, woran sie sich klammern können.

Wer bist du ohne das Muster, dich über jemanden aufzuregen?

«Ich weiss, wie sie ist» oder «er sollte doch merken, dass es mir nicht gut geht» sind Gedanken, die uns in jeder Beziehung hellhörig machen sollten. Die stärkste Kraft für Veränderungen in Beziehungen besteht darin, sich gegenseitig zu akzeptieren, ohne einander verändern zu wollen.

«Erlaube dir, dich und deinen Partner jeden Tag neu kennenzulernen.»

Ich wurde einmal gefragt: «Wie kann ich geduldiger werden, wenn das Gegenüber meiner Meinung nach zu langsam ist für mich?»

Gemäss meiner Erfahrung hören wir dann damit auf, unseren Partner oder Freunde zu beurteilen, wenn wir es sein lassen, uns selbst zu beurteilen. Und das Wort «Meinung» verweist oft darauf, dass der Verstand spricht. Daraus ergibt sich eine Frage, die das zu Grunde liegende Spannungsfeld deutlich macht:

Wie kann ich geduldiger werden mit mir, wenn mir Menschen meine Ungeduld spiegeln?

Die 7 Schritte, die ich in Teil 1 dieses Buches ausgeführt habe, entfalten ihre Wirkung im liebevollen Umgang mit uns selbst und als Folge dessen auch mit unseren Mitmenschen.

Selbstliebe ist der Schlüssel für glückliche Beziehungen und Freundschaften.

Wenn es uns gelingt, unsere Herzensanliegen in einer Sprache aus-
zurücken, die auf das Gegenüber nicht als Angriff, sondern als Einladung wirkt, entsteht **Verbundenheit**. Unausgesprochene Erwartungen sind eine Sackgasse für viele Beziehungen. In Konfliktsituationen streiten oft Ego-Anteile des Verstandes miteinander. Das
Verlangen, Recht zu behalten und den anderen ins Unrecht zu setzen, kann sehr stark sein. Diese Energie zu bemerken und bewusst
zu *fühlen*, ist die Aufgabe. Bis wir in Konflikten bemerken, dass wir
immer die Wahl haben, ein Reaktionsmuster fallen zu lassen.

> «Wähle, ob du weiterstreiten oder dein Gegenüber zu
> einer Umarmung einladen möchtest.»

Heilsame Beziehungen

*«Eine heilende Beziehung verlangt von beiden Partnern vollstän-
dige Bewusstheit über Projektionen und ein ständiges Hinterfragen.
Sie beinhaltet die Verabredung, immer zuerst bei sich selbst zu
schauen – vor allem dann, wenn es am meisten weh tut. Sie verlangt
von beiden, dass der andere gehalten werden kann, wenn er in Projektionen versinkt. Beide Partner müssen den jeweils anderen vollständig als Lehrer anerkennen, müssen es lernen zuzugeben, wenn
sie projizieren, und bereit sein, Hilfe von ausgerechnet der Person
anzunehmen, auf die sie eigentlich projizieren. Die heilende Beziehung erfordert von uns die Kraft und den Mut, hunderte, vielleicht
tausende Male über unseren Schatten zu springen, den Raum und
das Herz immer und immer wieder zu öffnen, selbst wenn in uns
starke Emotionen wirken und alles in uns nur weglaufen und sich
verschliessen möchte. Wir lernen, Schwäche und Irrtum zuzugeben,
uns mit dem Schmerz zu zeigen, hierzubleiben, alles hineinzulegen
in das Feld des Vertrauens, das wir mit dem Partner kreieren. Und
wir lernen auch, uns nicht mehr selbst zu beschränken, unsere
Stärke bedingungslos zu leben – unsere Wahrheit zu sprechen.»*

Dieser Text hat mich vor einigen Jahren erreicht und sehr berührt (Autor unbekannt, doch sehr weise). Beschrieben wird aus meiner Sicht das wahre Potential jeder Freundschaft: sich selbst mit Themen auseinanderzusetzen, die man beim anderen sieht. Projektion manifestiert sich in Abwehrmechanismen, die dies vermeiden möchten.

Partnerschaften und Freundschaften sind das perfekte Übungsfeld, um zuerst bei sich zu schauen. Innerhalb von Partnerschaften ist es besonders wertvoll, diese Fragen gemeinsam zu beleuchten:

Welche Werte sind für uns als Paar wichtig? Wofür ist unsere Verbindung da? Sind wir bereit, füreinander den Raum zu halten? Sind wir bereit, einander jederzeit in Liebe gehen zu lassen?

Die Antworten erlauben einem Paar, sich auszurichten auf den gemeinsamen Weg.

«Du und ich – ein Wir in Freiheit.»[27]

Nährende Intimität

«Entspannung ist ein Zustand, in dem sich deine Energie nirgendwo hinbewegt, weder in die Zukunft noch die Vergangenheit, sie ist einfach hier bei dir. Wenn die Zeit stehen bleibt, geschieht Entspannung.»

Osho, Spiritueller Lehrer (1931–1990)

Sexualität ist heute kein Tabuthema mehr. Dennoch wird das Gespräch darüber oft vermieden. Deswegen möchte ich auf ein paar Aspekte eingehen, die vielleicht eine neue Sichtweise auf das Thema erlauben.

Wir alle tragen *männliche* und *weibliche* Energie in uns. Männer besitzen zur Hälfte weibliches «Erbgut». Genauso «wohnen» auch in Frauen männliche Kräfte. Das **weibliche Prinzip** ist von Beständigkeit geprägt. Es lädt zum *Fühlen* und der Auseinandersetzung mit «Schattenthemen»[28] ein. Egal, ob wir Frau oder Mann sind, können wir in Verbindung mit unserer weiblichen Seite einfach so sein, wie wir gerade sind.

Das **männliche Prinzip** «liebt» Geschwindigkeit. In einer Notsituation braucht es aktive, männliche Energie und ohne die aktive «Schöpferkraft» können keine Projekte umgesetzt werden.

Beide Qualitäten haben ihre Vorzüge und spiegeln jeweils den fehlenden Aspekt. Deshalb sind wir laufend gefordert, unsere weibliche und männliche Kraft in einem gesunden Gleichgewicht zu halten. Equiano Intensio sagt:

«Die gesunde männliche Energie ist verwurzelt in der weiblichen Energie.»

Aus seiner Sicht können Männer von Frauen lernen, durch das *Fühlen* ihr Herz zu öffnen. Dann sind Männer in der Lage, Frauen sehr klar und direkt zu spiegeln, wenn «wir» versuchen sie zu manipulieren. Doch bereits in den Naturvölkern haben die Männer vor einem neuen Vorhaben Rücksprache mit dem Frauenkreis gehalten. Die Frauen sagten einfach, ob sich für sie etwas gut oder schlecht anfühlte. Diese Absprache zwischen Mann und Frau darf aus meiner Sicht auch in unserem Kulturkreis wieder an Bedeutung gewinnen. Vor allem auch in der Sexualität.

Diana Richardson beschreibt in ihrem Buch «Zeit für Weiblichkeit» die Wichtigkeit für nährende Erfahrungen im Sex. Sie geht davon aus, dass die Unterdrückung und Verdrängung der natürlichen, gesunden Sexualität in den letzten Jahrtausenden viele krankmachende Auswirkungen hatte in der Form von psychosozialen Störungen und Gewalt.[29] Ihre Sichtweise ist stark beeinflusst von den Lehren Oshos, für den Tantra die Umwandlung von Sex in Liebe ist – durch **Bewusstheit**.

In der Begleitung von Paaren stelle ich immer wieder fest, dass die Art und Weise, wie Sexualität gelebt wird, der Spiegel der Partnerschaft ist. Oft tut die Frau oder der Mann etwas für den anderen, obwohl es sich nicht gut oder stimmig anfühlt. Verständlich, dass dadurch Leistungsdruck entstehen und die Lust aufeinander verloren gehen kann. Um den Stress im Bett zu reduzieren, empfehle ich Paaren deshalb die Übung:

> «*Es* denkt in mir gerade.»

Das heisst, beide Partner üben im Alltag öfter zu teilen, besonders in anspruchsvollen Situationen, was *es* in ihnen jetzt gerade denkt – welche inneren Dialoge gerade laufen. Damit erlangt das Paar nach und nach die Fähigkeit und das nötige Vertrauen, auch in intimen Momenten Gedanken wie «eigentlich habe ich gerade keine Lust» oder «ich muss ihn / sie zum Orgasmus bringen» ehrlich zu teilen. So entsteht die Option *gemeinsam* herauszufinden, was beiden in der Sexualität wichtig ist.

Aus meiner Sicht ist es gerade in intimen Augenblicken, wo wir besonders verletzlich sind, wichtig, im ehrlichen Gespräch zu bleiben. Vor allem dann, wenn wir *fühlen*, dass uns etwas gerade nicht guttut. Das Gegenüber ist dankbar für unseren Hinweis und kann dann entsprechend auf uns eingehen. Genauso hilfreich ist es beim «Liebe machen», gemeinsam immer wieder herzhaft zu lachen. **Humor** holt uns vom Kopf ins Herz.

Empfangen ist ein zutiefst weibliches Prinzip, wie die Geburt schön versinnbildlicht. So empfängt die Frau den Mann auch in der Sexualität: sie nimmt ihn als «Gast» in sich auf. Entsprechend bestimmt sie als Gastgeberin, welche Voraussetzungen gegeben sein müssen, bevor der Mann eintreten darf. Dieses Bild kann Männern helfen, sich bewusst zu werden, wie sie sich – jenseits von bisherigen Denkmustern und Routinen – als Gast verhalten möchten.

> «Die Frau ist das Schloss, der Mann der Schlüssel.»

Gemäss Diana Richardson[30] empfängt der Mann durch das **Geben** und die Frau gibt durch das **Empfangen**. Das sei das natürliche Prinzip, das Entspannung für beide ermögliche. Sie lädt Paare dazu ein, in der Sexualität keinem Plan zu folgen. Sie sagt:

«Beobachte, wie du dich danach fühlst. Das «Hinterher» ist stets der Lehrer.»

Frauen und Männer reagieren sehr unterschiedlich, wenn in der Beziehung Spannungen auftauchen: Frauen tendieren dazu, sich sexuell zurückzuziehen, sie haben wenig oder keine Lust auf Intimität. Männer verschliessen sich demgegenüber eher emotional. Der Mann versucht sich der Frau über die Sexualität wieder anzunähern. Doch die Frau möchte ihn stattdessen im Gespräch wieder mehr *fühlen*. Es ist also hilfreich zu verstehen, dass Frauen und Männer schlicht anders «ticken». Verständlich, dass diese Unterschiede im Verhalten die Entstehung von Missverständnissen und unterschwelligen Erwartungen in Beziehungen und in der Sexualität begünstigen. Die Gegensätzlichkeit von Mann und Frau kann aus der Sicht von Meister Eckhart nur an einem «Ort» aufgelöst werden: «In der Liebe.»[31] Und Jesus sagt im neuen Testament sinngemäss, dass sich uns der Weg in die **Nächstenliebe** nur erschliesst, wenn wir uns selbst lieben.

Erst wenn ich mit mir selbst im Frieden bin, kann ich andere wirklich lieben.

Die Reflexion und Umgestaltung der Sexualität kann für Paare anspruchsvoll sein. Deshalb kann es hilfreich sein, sich über einen gewissen Zeitraum von einer Fachperson begleiten zu lassen. Unbewusste Verhaltensmuster zu durchschauen, braucht manchmal den Spiegel einer neutralen Person.

Abschliessend möchte ich dir diesen Satz mitgeben, nicht nur in Bezug auf Beziehungen und Sexualität, sondern als innere Haltung für das ganze Leben:

Sei bereit, alles zu fühlen, was gerade da ist, und hab
den Mut, das auszusprechen, was du fühlst.

Alleinsein

«Wenn du allein bist, bist du nicht allein, sondern nur einsam. Zwischen Einsamkeit und Alleinsein besteht ein gewaltiger Unterschied. Wenn du einsam bist, denkst du an andere, vermisst du andere. Einsamkeit ist ein negativer Zustand. Du glaubst, es sei besser, wenn ein anderer da wäre – dein Freund, deine Mutter, deine Geliebte, dein Mann. Es wäre gut, wenn der andere da wäre, aber der andere ist nicht da. Einsamkeit ist die Abwesenheit des anderen. Alleinsein ist deine eigene Anwesenheit. Alleinsein ist sehr positiv. Es ist Gegenwart, überfliessende Gegenwart. Dann brauchst du keinen anderen.»[32]

Falls du dich in deinem Leben gerade einsam fühlst, sind diese Worte von Osho womöglich *tröstlich* für dich. Viele Singles wünschen sich einen Partner. Wer noch nie eine Beziehung zu einer Frau oder einem Mann hatte oder seit längerer Zeit einen Partnerwunsch hegt, ist innerlich oft unbewusst in einem Zustand des Mangels. Der ersehnte Partner «soll» das unangenehme Gefühl der *Leere* beheben.

Deshalb empfehle ich Singles in meinem Umfeld zwei Dinge. Erstens:

«Fühle die Einsamkeit und erlaube ihr da zu sein, solange sie bleiben möchte.»

Du kannst die Einsamkeit bei der Gelegenheit auch fragen, weshalb sie da ist und was sie braucht. Gut möglich, dass dir dieser Perspektivenwechsel neue Erkenntnisse bringt.

Zweitens kann es hilfreich sein, sich bewusst zu machen, was man sich von einer Partnerschaft erhofft:

«Schreib dir auf, weshalb du dir eine Partnerschaft wünschst.»

Sobald du die Liste erstellt hast, überleg dir, wie du dir *selbst* geben kannst, was dir fehlt. Wenn du die Gefühle des Mangels in dir selbst stillst, strahlst du nämlich **Fülle** aus und wirkst automatisch attraktiver auf dein Umfeld. Du wirst sichtbar für Menschen, die auch in sich ruhen und keinen Partner brauchen, sondern eine Partnerschaft als Möglichkeit sehen, das Leben gemeinsam zu *geniessen*.

Frag dich nicht, ob dich andere mögen. Überleg dir vielmehr, wen du magst und «bereinige» dein Umfeld.

Um Entspannung in das Thema «Partnersuche» zu bringen, finde ich auch dieses Bild hilfreich:

«Behandle Männer oder Frauen, wie deine Brüder oder Schwestern.»

Diese Haltung ist geprägt von der indianischen Kultur. Jim Medicine Tree, ein Weisheitshüter mit Cherokee-Wurzeln, hat in einer Rede einmal über sieben Qualitäten eines Mannes gesprochen, welche die Ältesten seines Stammes zusammengetragen hatten. In Anlehnung daran möchte ich dich, falls du einen Partnerwunsch hegst, wie folgt anregen:

Wie stehst du zu Frauen / Männern?

Frauen tragen die Zukunft in sich, da sie Leben geben können. Sie schaffen den Raum, in dem Männer ausruhen und regenerieren können. Eine gesunde Frau macht auch einen gesunden Mann aus, der sich mit ihr für die Gemeinschaft einsetzen kann (und umgekehrt).

«Behandle alle Frauen / Männer wie deine engsten weiblichen / männlichen Verwandten.»

Wenn du einen Mann oder eine Frau siehst, den / die du anziehend findest, lass deinen ersten Gedanken sein, dass sie deine Schwester ist oder dass er dein Bruder ist und gib ihr / ihm den entsprechenden **Respekt**. Behandle sie / ihn so, wie du dir wünschst, dass andere Männer deine Schwester oder andere Frauen deinen Bruder behandeln. Alleinstehende Menschen sehnen sich nach Zuneigung, doch ohne Respekt werden sie keine wahre **Zuneigung** erfahren. Das Gegenüber nimmt auch wahr, wenn Menschen, die auf Partnersuche sind, ein «Kennenlernen» forcieren möchten. Ein potenzieller Partner wendet sich deshalb oft ab, wenn er sich bedrängt fühlt. Sieh deshalb attraktive Frauen oder Männer, mit denen du dir eine nähere Bekanntschaft vorstellen könntest, zuerst als deine Schwester oder deinen Bruder, und später kann daraus vielleicht eine Freundschaft oder eine Liebesbeziehung entstehen.

Wenn du Männern und Frauen mit dieser Haltung begegnest, fühlt sich dein Gegenüber wohl in deiner Nähe.

Ohne Erwartung kann Liebe entstehen.

Gleichzeitig ehrst du auch deine weibliche und männliche Ahnenlinie und die weiblichen und männlichen Aspekte in dir. Falls du leidest, weil du Single bist, ist es empfehlenswert, den ursächlichen Gründen nachzugehen, weshalb dir die Einsamkeit zu schaffen macht. Denn Mangelbewusstsein oder Selbstwertthemen blockieren oder erschweren oft die Entstehung von neuen, tragfähigen Beziehungen.

Es gibt natürlich auch viele Bücher und Ratgeber, die Singles «auf die Sprünge» helfen können. Empfehlen kann ich dir das Buch: «Seelenpartner – Liebe ohne Limit» von Anne Heintze (→ Literaturempfehlung). Auch die Anwendung der 7 Schritte aus Teil 1 dieses Buches erlauben dir, dich ganzheitlich *genährt* zu fühlen, unabhängig von einer Partnerschaft.

Zögere nicht, dich begleiten zu lassen, wenn Beziehungslosigkeit oder Bindungsschwierigkeiten «Kernthemen» von dir sind. Du wirst die passende Unterstützung finden, wenn du dein Herz dafür öffnest.

Was du mitnehmen kannst:

Zum Mitnehmen

Für deine Beziehungen

Nutze Beziehungen und Freundschaften als Möglichkeit, dich selbst mit Themen auseinanderzusetzen, die du beim anderen siehst (Projektion).

Erlaube dir, deinem Partner und engen Bezugspersonen so zu sein, wie frau / man ist. Erlaubt euch, einander Tag für Tag neu kennenzulernen.

Beobachte deine Reaktionsmuster in Partnerschaften oder engen Freundschaften. Entscheide dich, ausgediente Muster anzusprechen und loszulassen.

Sprich deine Wahrheit offen aus. Lade dein Gegenüber ein, gemeinsam herauszufinden, was euch als Paar wichtig ist und worauf ihr zugehen möchtet.

Nutze die Sexualität als Übungsfeld, Intensitäten zu fühlen und wahrzunehmen, was dich nährt oder was im Moment nicht stimmig ist.

Behalte einen gesunden Humor vor allem in Situationen, in denen du angespannt bist und es scheinbar nichts zu lachen gibt.

Für Singles

Falls du unter der Einsamkeit leidest, erlaube dir alle Gefühle, die dir in Anbetracht dessen begegnen, zu fühlen und damit in dein Herz zu lassen.

Schreib dir auf, weshalb du dir eine Partnerschaft wünschst. Gib dir selbst, was du brauchst. So strahlst du Fülle aus und wirkst anziehend.

Behandle Männer oder Frauen, die dir begegnen, als wären sie deine Brüder oder Schwestern. Ohne Erwartung kann Liebe entstehen.

Bereich 4: Berufung, Arbeit

«Dein Job wird nicht für dich da sein, wenn es dir schlecht geht.»

Tim Schlenzing, Gründer von mymonk.de

Ich werde oft gefragt, wie ich meine Berufung gefunden habe. Die Antwort darauf ist ganz einfach: «Ich beschäftigte mich mit dem, was mich in meinem Leben quälte.»

Nachdem mir der Berufseinstieg als Agronomin geglückt war, schien mein Leben zunächst perfekt: die Tätigkeit forderte mich heraus, ich engagierte mich gerne für das Team und verdiente dabei gutes Geld. Die anfängliche Motivation verflüchtigte sich bereits nach zwei Jahren. Deshalb suchte und fand ich eine neue Aufgabe als Lehrerin in der landwirtschaftlichen Aus- und Weiterbildung. Doch auch dieser Wechsel brachte mich der Sehnsucht nach mehr Erfüllung im Berufsleben nicht näher. Leider. Einige schlaflose Nächte später entschied ich mich für eine Laufbahnberatung, bei einer Psychologin. Anhand meines Geburtshoroskops und Gesprächen zeigte sie mir neue Möglichkeiten auf. Doch diese waren nicht so «schnell und einfach» erhältlich, wie ich mir das gewünscht hätte. Ich stand vor der Wahl: Entweder Agronomin bleiben oder den Neuanfang mit einem zweiten Studium wagen. Meine innere Stimme sagte klar:

«Entscheide dich für das Wagnis.»

Ich bin keine Abenteurerin. Ganz im Gegenteil. Doch mein Körper und mein Herz sendeten mir unmissverständliche Signale, dass ich meine Gesundheit ernsthaft gefährdete, wenn ich den «Sprung ins Unbekannte» nicht wagen würde.

Ich bin als jüngstes von drei Kindern in einer Bauernfamilie aufgewachsen. Mir war früh klar, dass ich die landwirtschaftliche Lehre und im Anschluss die Hochschule für Landwirtschaft absolvieren

154

möchte. Entsprechend gross war der «Schock» für meine Eltern, als sie hörten, dass ich ein Zweitstudium in Sozialer Arbeit absolvieren wollte. Für beide war mein Wunsch schwer nachvollziehbar, eine gut bezahlte Stelle für einen Wechsel in das «Sozialwesen» aufgeben zu wollen. Erst später verstand ich, dass sich meine Familie «nur» um mein Wohl sorgte und die berufliche Neuorientierung deshalb zunächst auf grosse Ablehnung stiess.

«Wie die Jungfrau zum Kind» kam ich zur Sozialen Arbeit. Fächer wie Soziologie oder Sozialversicherungsrecht brachten mich im Studium schnell an meine Grenzen: Ich sass in den Vorlesungen und verstand kein Wort. Meine Lebenssituation wurde also nicht einfacher. Doch mein Ehrgeiz war geweckt. Die intellektuellen Herausforderungen trieben mich zu Höchstleistungen an.

In meinen Studien- und Diplomarbeiten spezialisierte ich mich auf soziale Fragen in der Landwirtschaft. Besonders interessierte mich dabei, wie bäuerliche Familien schwierige Situationen bewältigten und welche Rolle dabei die Hilfe von aussen spielte. Später nahm ich eine Stelle in der Sozialforschung an mit der Möglichkeit, berufsbegleitend zu doktorieren. Wieder einmal schien alles perfekt. Doch erneut machte mir mein Körper ein Strich durch die Rechnung. Meine Energie und meine Motivation schwanden Tag für Tag. Wieder kam meine berufliche Laufbahn ins Wanken. Wieder stand meine Gesundheit auf dem Spiel. Einmal mehr war ich ratlos.

Wie es der «Zufall» wollte, ergab sich für mich kurze Zeit später die Chance, in einem ländlichen Sozialdienst tätig zu werden. Zu meinem Erstaunen hatte ich neben der klassischen Sozialarbeit plötzlich die Möglichkeit, Projekte im Bereich «Früherkennung von Überlastung in der Landwirtschaft» mit Betroffenen und Fachpersonen zu entwickeln.

Nach und nach mündeten meine beiden Berufe, die auf den ersten Blick nicht unterschiedlicher sein könnten, in meine **Berufung**. Parallel zu der Anstellung gründete ich «brücken-bauerin.ch», um Bauernfamilien in anspruchsvollen Situationen zu begleiten. Doch der Weg dorthin war sehr steinig.

Insbesondere während meinem Studium in Sozialer Arbeit und dem Doktorat, das ich berufsbegleitend begonnen hatte, laugte mich der Leistungsdruck, den ich mir unbewusst auferlegte, aus. Erst als ich keine Kraft mehr hatte, den eingeschlagenen Weg weiterzugehen, erkannte ich, dass mich die Anerkennung, die ich für meine Leistungen von aussen bekam, im Herzen gar nicht berührte. Weiterzumachen wie bisher, erschien vor diesem Hintergrund sinnlos. Ich beschloss, das Doktorat nicht weiterzuverfolgen. Dass meine Begleitpersonen diesen Entscheid bedauerten, weil ich das «Zeug» dazu gehabt hätte, war ein unerwartetes Geschenk, dass mich *berührte*. Vor allem, weil mich der Glaubenssatz «du bist dumm» während meiner Schul- und Ausbildungszeit immer wieder begleitet hatte.

Muster, die uns über Jahrzehnte limitieren, verschwinden meist nicht von heute auf morgen. Die ursächlichen Zusammenhänge können wir manchmal nur in ehrlichen Gesprächen oder mit therapeutischer Begleitung erkennen.

> Die meisten Menschen haben einen blinden Fleck, der erst im «Spiegelbild» sichtbar wird.

So war es auch bei mir ein längerer Prozess, selbst und mit Unterstützung zu erforschen, in welchen Lebensbereichen ich mich unter Druck setzte und welche Vor- und Nachteile dies für mich hatte. Erst als ich bereit war, mir die ursächlichen Situationen ehrlich anzuschauen und diese *nachzufühlen*, lockerte sich meine Identifikation mit dem «Leistungsmuster». Gleichzeitig lernte ich, mir selbst die Anerkennung geben zu können, die ich jahrelang im Aussen suchte.

Trotzdem gerate ich auch im heutigen Alltag manchmal noch in den Modus des «Tuns» und verliere dabei den Kontakt zum gegenwärtigen Moment und meinem Herzen. Im Vergleich zu früher bemerke ich jedoch zeitnah, wenn sich ein Teil in mir über Leistung definieren, mit anderen messen oder zu viel Arbeit auf einmal erledigen möchte. Um «mich» aus diesem Zustand zu holen, erinnere ich mich gerne an einen simplen Satz, den ich schon so oft von verschiedenen spirituellen Lehrern und Lehrerinnen gehört habe:

«Es gibt nichts zu erreichen auf dieser Welt.»

Es ist entlastend, mir diese Erkenntnis immer wieder in Erinnerung zu rufen. Und der Satz macht vermutlich auch «etwas» mit deinem Verstand. Lass die Worte einfach auf dich wirken ohne Anspruch, sie als *richtig* oder *falsch* zu beurteilen. Es gibt etliche Menschen, die ausserordentlich viel arbeiten, weil es ihnen Spass macht. Der eigenen Freude zu folgen, entspricht dem **Herzensweg**, ist motivierend und erfüllend. Doch wenn jemand im Beruf immer und immer wieder leidet oder in der Arbeit untergeht, ist es aus meiner Sicht höchste Zeit, die «Notbremse» zu ziehen.

«Entscheide dich, ob du dein Leben der Arbeit unterordnen oder deinem Wesen entsprechend gestalten möchtest.»

Nehmen wir uns ein Beispiel an der **Natur**: Pflanzen und Tiere leben nicht, um etwas zu erreichen. Sie haben keinen Verstand und damit entfallen zielorientierte Gedanken oder ungesunde Verstandesidentifikationen (→ Schritt 3). Dennoch bringen Bäume jedes Jahr Früchte hervor und Ameisen sind bekanntlich «fleissig». Auch im Naturreich gibt es Wettkämpfe, beispielsweise in der Paarungszeit. Doch diese Art von Zielorientierung erfolgt *instinktiv*, im Einklang mit dem Wesen der jeweiligen Pflanzen- oder Tierart. Vereinfacht könnte man sagen:

> Pflanzen und Tiere leben während des «Tuns» ihr Wesen – ihre Bestimmung.

Schauen wir uns an, wie Menschen ihre Bestimmung finden können.

Deine Bestimmung

«Viele Menschen sind lieber normal als glücklich. Ich wünsch dir einen offenen Geist, der Dinge denken kann, die anders sind.»

Ralf Sanftleben, Gründer von zeitzuleben.de

Wenn ich in diesem Kapitel von Arbeit oder Berufung spreche, beziehe ich mich auf deine aktuelle Anstellung und / oder deine selbstständige Tätigkeit sowie deine allfälligen Aufgaben innerhalb der Familie (Betreuung, Haushaltführung). Wenn du dich in diesem Lebensbereich sehr wohl fühlst und dich deine Aufgaben *nähren*, hast du deine wahre Bestimmung vermutlich bereits gefunden oder bist nahe dran. Das bedeutet allerdings nicht, dass immer «eitel Sonnenschein» herrscht.

Unsere Tätigkeit ist oft das ideale Feld, um den konstruktiven Umgang mit Kritik zu üben, besonders wenn wir erfolgreich sind in dem, was wir tun. Und oft spiegeln uns «unangenehme Kunden» Themen, die wir in uns unterdrücken (→ Schritt 6). Ebenso interessant ist die Frage:

Wer bist du ohne deine Arbeit?

Wer sein Selbstwertgefühl aus der beruflichen Rolle bezieht, fällt ins Leere, wenn diese wegbricht. Wer sich seines wahren Wertes jedoch bewusst ist, bleibt auch bei beruflichen Veränderungen in der eigenen Mitte (→ Schritt 4).

Wenn dich deine Tätigkeit einengt, auslaugt und seelisch belastet, lohnt es sich, ehrlich zu erforschen, wonach sich dein Herz wirklich sehnt. Du ahnst es:

> Auf der Suche nach der eigenen Berufung führt kein
> Weg am *Fühlen* der eigenen Wahrheit vorbei.

Rein intellektuell die Berufung zu finden, funktioniert also nicht. Die spielerische Selbsterfahrung bietet sich deshalb an. Wenn du magst, stell dir in der nächsten Zeit immer wieder diese Fragen:

Was macht mir im Leben Freude? Was habe ich als Kind am liebsten gemacht? Oder: Was würde ich tun, wenn Geld keine Rolle spielte?

Schreibe die Antworten gerne auf. Sie verweisen auf das, was dein Herz vor Freude jubeln lässt. Parallel kannst du Folgendes beobachten:

Was liegt mir überdurchschnittlich gut? Was geht mir leicht von der Hand? Wobei vergesse ich die Zeit?

Diese Dinge repräsentieren deine Talente.

> «Die drei grössten Freuden und die drei grössten Talente verweisen auf deine Berufung.»[33]

Falls es dir schwerfällt, deine Gaben zu sehen, befrage Menschen, die dich gut kennen, was du aus ihrer Sicht am besten kannst.

Lass dich auch von Menschen inspirieren, die aus deiner Sicht ihre Berufung leben. Meist streben diese Persönlichkeiten nicht nach Geld, um in naher Zukunft nicht mehr arbeiten zu müssen oder nach der Pensionierung den gewohnten Komfort weiterleben zu können. Sie richten ihr Handeln vielmehr darauf aus, der Gemeinschaft jetzt zu dienen mit dem, was sie zu geben haben. Das nährt sie selbst, ihr

Umfeld und kommt allen zu Gute. Eine «**Win-Win-Win**-Situation».

Um der eigenen Berufung näher zu kommen, kann auch die «Visionssuche» in der Natur wertvoll sein. Oder eine andere Methode der ganzheitlichen «Selbsterkenntnis». Aus eigener Erfahrung empfehle ich dir Seminare, die eine gewisse Dauer aufweisen (idealerweise 7 bis 10 Tage). Menschen brauchen rund drei Tage, nur schon, um die Geschäftigkeiten des Alltags abzulegen und zur Ruhe zu kommen. Das ist die Voraussetzung, um fühlend zu erkennen, wozu wir auf dieser Welt sind.

Diese Erkenntnis dient dir auch dafür, dein Lebensumfeld so zu gestalten, dass du deine Berufung leben kannst. Dazu mehr auf den nächsten Seiten.

Was du mitnehmen kannst:

Zum Mitnehmen

Für deine Berufung

Erinnere dich daran: «Ich muss nichts erreichen auf dieser Welt.»

Wenn dich deine berufliche Tätigkeit nicht erfüllt, erforsche, ob unbewusste Glaubenssätze oder Verhaltensmuster an deinen Kräften zehren.

Entdecke spielerisch, was dir Freude bereitet und worin du Talent hast. Das sind die Komponenten deiner wahren Bestimmung.

Nimm dir Zeit und Raum, um zu fühlen, was deine eigene Wahrheit ist in Bezug auf deine berufliche Entfaltung.

Lass dich von Menschen inspirieren, die aus deiner Sicht ihre Berufung leben.

Bereich 5: Wohnsituation

«Dein Körper ist die Wohnung deiner Seele – deine Wohnung ist der Ausdruck deiner Seele.»

Netzfund

Aufgrund der Kleidung und der Körperhaltung können wir die Herkunft oder den Beruf einer Person erahnen. Ein Lehrer verhält und kleidet sich anders als ein Bauer. Eine Ärztin spricht anders mit uns als eine Kindergärtnerin. Dieses Phänomen hat der Soziologe Pierre Bourdieu in den 1970er-Jahren mit dem Konzept des Habitus beschrieben.[34] Der Habitus einer Person zeigt sich in der Art und Weise, wie sie spricht und sich verhält, oder in ihren Gewohnheiten und Vorlieben.

Auch die Art und Weise, wie und wo wir wohnen, sagt etwas über unsere «Herkunft» und unsere aktuelle Stellung in der Gesellschaft aus. In Zeiten der bäuerlichen Grossfamilie war das Wohnumfeld gleichzeitig der Ort des gesamten Lebens, des Arbeitens und der sozialen Kontakte. Heute nimmt die symbolische und emotionale Bedeutung des Wohnens stark zu.[35]

> «Zeige mir, wie du wohnst, und ich sage dir, wer du bist.»

Bereits der deutsche Schriftsteller Christian Morgenstern deutete an, dass die persönliche Wohnsituation ein Spiegel der Persönlichkeit ist. Menschen definieren und identifizieren sich über die Wohnform und den Wohnort: das Spektrum reicht vom Leben in der Villa bis zur mobilen Behausung auf vier Rädern. Wohnen ist mittlerweile eine Möglichkeit auszudrücken, wer frau / man ist respektive welcher Lebensstil gelebt wird. Lass uns diesen Aspekt mit einem Gedankenexperiment vertiefen:

Wenn du magst, schliesse deine Augen. Verbinde dich mit deinem Herzen und lass deine aktuelle Wohnsituation vor deinem inneren Auge auftauchen:

Wie fühlst du dich, wenn du in die Umgebung deiner Wohnung blickst?

Welche Gedanken kommen in dir auf, wenn du deine Nachbarn siehst?

Wie sieht es in deiner Wohnung aus?

In welchen Räumen hältst du dich besonders gerne auf und weshalb?

Welche Räume meidest du und weshalb?

Hast du gerne Gäste bei dir?

Nimm dir kurz ein paar Minuten Zeit, um deine Erkenntnisse zu notieren.

Stell dir nun vor, dass Geld und soziale Verpflichtungen keine Rolle spielen und du dir dein Heim völlig frei einrichten kannst (bei Bedarf auch mit Hilfe einer Einrichtungsfachperson):

In welchem Land wohnst du?

Wohnst du mit anderen Menschen zusammen oder alleine?

Wie sieht die Umgebung aus?

Sind der öffentliche Verkehr oder Einkaufsmöglichkeiten in der Nähe?

Wer sind deine Nachbarn und wie verhalten sie sich?

Gibt es mehrere Stockwerke, Zimmer oder Balkone in der Wohnung / in dem Haus?

Wie sind die verschiedenen Räume eingerichtet?

Wie fühlst du dich in der Wohnung / in dem Haus und in den einzelnen Räumen?

Wie riecht es in den Räumen?

Was findest du im Kühlschrank?

Etc.

Notiere deine Erkenntnisse erneut.

Nun hast du den IST-Zustand in Bezug auf deine Wohnsituation *gefühlt*. Allenfalls hast du vor dem inneren Auge *gesehen*, welche Wohnform dir auch oder sogar noch besser entsprechen würde (SOLL-Zustand). Vielleicht ist dir bereits klar, dass sich deine Wohnform in der nächsten Zeit verändern muss, damit du in deinem Zuhause Kraft tanken kannst. Oder du bist zufrieden mit deiner aktuellen Lebensform. Beides ist in Ordnung. Dennoch empfehle ich dir:

«Erforsche von Zeit zu Zeit, ob sich die aktuelle Wohnsituation in deinem Herzen noch stimmig anfühlt.»

Falls du deine Wohnform und / oder deinen Wohnort wechseln möchtest: Beginne jetzt mit der Planung der nötigen Schritte. Wie du weisst, folgt Energie der Aufmerksamkeit und deine konkrete Absicht setzt Kraft frei. Die Qualität deiner aktuellen Wohnsituation kannst du, unabhängig von einem allfälligen Wunsch nach grösseren Veränderungen, ganz praktisch verbessern. Wie das geht, lernte ich im Rahmen meiner Ausbildung bei Equiano Intensio. Ich hatte die Aufgabe, Ordnung in mein Hab und Gut zu bringen. So kam es, dass ich mich beispielsweise von über 40 Ordnern «Papier» aus meinen Studiengängen trennte. Bewusst liess ich damit auch Teile in mir los, die sich viele Jahre an Theorien und Konzepten geklammert hatten. Insgesamt reduzierte ich zu jener Zeit das Volumen meiner «Habseligkeiten» um die Hälfte. Ich verschenkte viele Bücher oder Gegenstände an Menschen, die Freude daran hatten. Der freiwerdende Raum wirkte sich direkt auf mein Wohlbefinden aus:

Es fühlt sich gut an, mit leichtem Gepäck zu reisen.

Deshalb möchte ich nachfolgend auch dir ein paar Anregungen dazu geben.

Liebevoll ausmisten

In der Steinzeit lebten die Menschen als Jäger und Sammler. Vielleicht neigen manche Menschen noch heute dazu, Gegenstände zu sammeln. Sie tun sich schwer damit, Dinge zu entsorgen oder wegzugeben. Falls dieses Verhalten auch auf dich zutrifft, frage dich:

Welchen Nutzen und welche Nachteile habe ich davon, Dinge zu horten?

Die Antworten geben dir Hinweise auf mögliche Ursachen deines Verhaltens. In diesem Buch findest du einige Beispiele, wie du ursächliche Zusammenhänge spielerisch erforschen kannst (→ Schritt 6).

Egal ob das «Sammeln» von Gegenständen für dich ein relevantes Thema ist oder nicht: Aus meiner Erfahrung lohnt es sich bewusst zu wählen, mit welchen Dingen wir uns umgeben wollen. Besonders Erbstücke aus der Familie, wie Schmuck, Bilder oder alte Möbel, können «energetisch» vorbelastet sein. Die hübsche geerbte Kommode trägt vielleicht schmerzhafte Erinnerungen in sich, wenn sie oft «Streit» erlebt hat. Die Quantenphysik und die Parapsychologie zeigen, dass Gegenstände Informationen speichern. Egal ob dich dieses Konzept überzeugt oder nicht. Du fühlst in deinem Herzen sofort, ob dich ein Gegenstand anzieht oder abstösst. Falls du in deiner Wohnung Erbstücke wie Schmuck oder Möbel hast, prüfe bei Gelegenheit, ob du diese weiterhin behalten möchtest oder nicht. Dasselbe gilt für Geschenke, die du eventuell nur aus Höflichkeit irgendwo aufstellst. Dekorationen sind in meiner Wahrnehmung nicht nur «Staubfänger», sondern können auch wahre «Energieräuber» sein.

«Beobachte, welche Gedanken und Gefühle gewisse Gegenstände in dir auslösen.»

Nimm dir gerne im Lauf der nächsten Wochen Zeit, um in deinem Zuhause liebevoll auszumisten. Sieh alle Schränke und Zimmer inklusive Keller und Dachboden durch. Achte besonders auf Gegenstände und Kleidungsstücke, die du seit mehr als einem Jahr nicht mehr verwendet oder angezogen hast, und auf Dinge, die dich gedanklich eher belasten als beglücken.

Vielleicht ist dir dabei das Pareto-Prinzip dienlich. Gemäss Vilfredo Pareto, können 80 % der Ergebnisse mit 20 % des Aufwandes erreicht werden. Auf den Alltag übersetzt bedeutet das beispielsweise, dass Kinder 80 % ihrer Zeit mit 20 % ihres Spielzeugs spielen oder, dass wir 80 % unserer Telefonate mit 20 % der gespeicherten Kontakte führen. Und ich trage zugegebenermassen 80 % meiner Zeit 20 % meiner Kleider. Doch ich arbeite laufend daran, dass mein Kleiderschrank nicht an Umfang gewinnt.

Gegenstände, die du nicht mehr benötigst, kannst du verschenken oder für wohltätige Zwecke spenden. So haben andere auch etwas davon und du kannst den Wert von Gegenständen erhalten. Natürlich kannst du Gegenstände mit einer symbolischen Bedeutung auch in einem Ritual loslassen, indem du sie beispielsweise verbrennst (mit den nötigen Schutzvorkehrungen) oder sie bewusst mit Dankbarkeit für ihre Dienste «segnest», bevor du sie liebevoll entsorgst.

Klare Ordnung

Nach dem du Platz geschaffen hast, kannst du mehr Wohlfühlräume in deinem Zuhause schaffen. Achte darauf, wie viel Dekoration sich stimmig anfühlt. Entscheide dich im Zweifel eher für weniger als für mehr. Stell dir vor, du würdest dich um deine «heiligen Hallen» kümmern. Jeder Raum sehnt sich, im übertragenen Sinne, nach **Zuwendung**. Auch im Bad, der Küche oder im Wohnzimmer können Blumen, Kerzen oder nährende Bilder positioniert werden. Und falls du glaubst, kein Flair für Gestaltung zu haben, wisse:

Jeder Mensch hat ein Gespür für Schönheit.

Du kennst vielleicht den Brauch, in den 12 Rauhnächten, also der Zeit von Weihnachten bis am 6. Januar, die Wohnräume zu räuchern, um «energetische Blockaden» zu lösen. Besonders im Winter, wenn es früh dunkel ist, schätze ich abends den wohligen Duft von Räucherstäbchen, wie Weihrauch, Salbei oder Palo Santo (süsslich duftendes Holz aus südamerikanischen Wäldern). Unabhängig von der Jahreszeit bedufte ich meine Räume gerne mit ätherischen Ölen in einem geeigneten Diffuser. Eukalyptus, Zitrusdüfte oder Pfefferminze sind besonders an heissen Tagen eine willkommene Raumerfrischung. Sogar das Staubsaugen macht mehr Spass, wenn du ein paar Tropfen eines ätherischen Öls auf den Luftfilter gibst. Ausprobieren geht über Studieren.

Es gibt viele Möglichkeiten, die eigene Wohnung «rein» zu halten. Wichtig ist nur, dass wir es regelmässig tun. Denn unser Wohnraum hat einen direkten Einfluss auf unser Energiesystem: ein stimmungsvoll eingerichtetes «zu Hause» ist der ideale Rückzugsort und spendet Kraft.

Wenn du dich gerne in einem Raum aufhältst, hat dies auch einen Effekt auf die Tätigkeit, die du dort verrichtest. So kannst du auch deinen Geldfluss positiv beeinflussen. Mehr dazu erfährst du im folgenden Kapitel.

Was du mitnehmen kannst:

Zum Mitnehmen

Für deine Wohnsituation

Erforsche von Zeit zu Zeit, ob sich die aktuelle Wohnsituation in deinem Herzen noch stimmig anfühlt. Falls du deine Wohnform und / oder deinen Wohnort wechseln möchtest: Beginne jetzt mit der Planung der Veränderung.

Wähle mit welchen Gegenständen du dich umgibst. Beobachte, welche Gedanken und Gefühle gewisse Gegenstände in dir auslösen.

Nimm dir Zeit, um in deinem Zuhause liebevoll Ordnung zu schaffen. Sortiere aus, was du seit mehr als einem Jahr nicht mehr verwendest oder dich gedanklich belastet.

Verschenke oder entsorge Dinge, die du nicht mehr benötigst.

Hauche deinen Räumen Schönheit ein durch wenige, aber kraftvolle Dekorationen.

Falls du deine Wohnung energetisch reinigen oder erfrischen möchtest: nutze regelmässig Räucherwerk oder ätherische Öle von hoher Qualität.

Bereich 6: Geld, Finanzen

*«Geld hat den Wert, den du ihm gibst. Der Wert, den du Dingen gibst,
liegt ursächlich in dem Wert, den du für dich selbst empfindest.»*

Aditya Novotny, Leadership Trainer

Ich freute mich sehr, als ich vor gut 10 Jahren mein geliebtes Bike
vom Service abholte. Neu «bereift» und mit geschmeidiger Schal-
tung fuhr ich nach Hause. Am nächsten Tag radelte ich frohen Mu-
tes zum Bahnhof. Am «Veloparkplatz» sicherte ich mein Zweirad
wie gewohnt mit einem Schloss am Geländer. Ich machte mich auf
den Weg zum Zug. Zu jener Zeit absolvierte ich ein Ausbildungs-
praktikum in einer anderen Stadt. Als ich abends nach Hause kam,
fand ich mein Fahrrad nicht auf Anhieb wieder, um nach kurzer Suche «fassungslos» vor dem zu stehen, was von meinem Bike noch
übrig war: das Vorderrad – gut gesichert mit dem Schloss am Geländer. Jemand hatte mir mein Rad am helllichten Tag gestohlen.
Ich fühlte mich betrogen und verstand die Welt nicht mehr. Als Stu-
dentin hatte ich nicht viel Geld. Mir wurde noch nie ein Wertgegen-
stand gestohlen. Ich fragte mich: «Womit habe ich das verdient?»

Diese kleine Anekdote aus meinem Leben lässt dich vielleicht
schmunzeln. Das naive Kind aus den Bergen «landet» in der Gross-
stadt auf dem harten Boden der Tatsachen. Der Polizeibeamte, dem
ich damals mein Leid klagte, klärte mich auf, dass Velodiebstahl in
Bern an der Tagesordnung sei: «organisiertes Verbrechen». Entsprechend machte er mir wenig Hoffnung, mein Bike je wieder zu
sehen.

Zu lesen, dass mir mein Bike gestohlen wurde, berührt dich womöglich nicht.

*Doch was fühlst du, wenn du hörst, dass gerade dein Auto gestohlen
wurde?*

In dieser Situation würdest du vermutlich in die «Gänge» kommen. Denn wenn es um das «Hab und Gut» geht, verstehen die meisten Menschen keinen Spass.

Je wertvoller etwas für uns ist, desto grösser ist die Verlusterfahrung, wenn es uns genommen wird.

Menschen geben nicht nur materiellem Besitz oder Geld, sondern auch Beziehungen und dem sozialen Status, den sie innehaben, einen Wert. Doch nachfolgend geht es um das ökonomische Kapital, in Form von Einkommen, Vermögen, Rücklagen oder Verpflichtungen sowie den Umgang mit Geld. Denn die meisten Menschen lernen nicht, dass bestimmtes Verhalten Geld anzieht oder abstösst.

«Arme» Gedanken

Hast du dich auch schon einmal gefragt, weshalb viele Lottogewinner den erlangten Reichtum nicht dauerhaft halten können?

Insbesondere Menschen, die vor dem Gewinn bereits wenig Geld besassen, sind nach kurzer Zeit bereits wieder pleite und haben sich womöglich noch zusätzlich verschuldet. Natürlich sind Reichtum und Armut gesellschaftliche Phänomene, die von vielen Faktoren beeinflusst werden. Dennoch habe ich in meinem Umfeld und während meiner beruflichen Tätigkeit beobachtet, dass Kinder, die in eher wohlhabenden Familien aufwachsen, bereits früh lernen, sinnvoll mit Geld umzugehen. Sie *erleben*, welche Gewohnheiten ihre Eltern pflegen, um Reichtum zu begünstigen. Im Umkehrschluss verstärkt in Familien mit wenig finanziellem Spielraum die Art und Weise, wie über Geld gesprochen und gedacht wird, oft den herrschenden Mangel. Es wird ein ungünstiger Umgang mit Wert und Geld vorgelebt, was dazu führt, dass Geld schnell ausgegeben wird oder gar nicht erst vorhanden ist.

Unsere Glaubenssätze zum Thema «Geld und Reichtum» sind geprägt von dem, was wir als Kinder in unserer Familie *gesehen, gehört, erfahren* und *gefühlt* haben. Die Summe dieser Aspekte bezeichne ich als «**Geld-Programmierung**». Unter welchen Voraussetzungen ein Kind von seinen Eltern Taschengeld bekommt oder nicht, hinterlässt bei ihm eine bestimmte Prägung. Es hat vielleicht gehört: «Das verdienst du nicht» oder «du bekommst Taschengeld, wenn du in der Schule gute Noten hast». Ebenso einschneidend können Erlebnisse sein, wenn die Mutter zum Beispiel Geldsorgen hat oder wenn der Vater sagt: «Reiche Leute sind arrogant» respektive «arme Menschen sind faul.» Innere Überzeugungen wie diese sind vielen Menschen nicht bewusst und bleiben oft ein Leben lang unverändert.

Wenn sich Eltern dessen bewusst sind, können sie ihren Kindern einerseits einen sinnvollen Umgang mit Geld vorleben. Andererseits können sie es vermeiden, das Taschengeld vom Verhalten des Kindes abhängig zu machen. «Kinder können den richtigen Umgang mit Geld nur lernen, wenn sie Taschengeld bekommen», sagt Wirtschaftswissenschaftlerin Barbara Kettl-Römer, die ein Buch zur Gelderziehung geschrieben hat. Denn nur mit eigenem Geld kann ein Kind lernen, damit zu haushalten. Es muss sich überlegen, wofür es Geld ausgeben möchte, und macht die Erfahrung, dass es sich manche Wünsche nur mit Sparen erfüllen kann. Sobald Kinder rechnen und verstehen können, wie Geld und Bezahlen funktioniert, ist es sinnvoll, mit der Zahlung von wöchentlichem oder monatlichem Taschengeld zu beginnen. Die monatliche Summe kann dann mit zunehmendem Alter gesteigert werden.

Nach diesem kleinen «Exkurs» zum Thema Taschengeld möchte ich darauf zurückkommen, dass die Art und Weise, wie wir denken und sprechen, direkten Einfluss auf unsere Lebensumstände hat (→ Schritt 5). Deshalb ist es aus meiner Sicht sinnvoll, sich die eigenen

173

Denkmuster in Bezug auf Geld und Wohlstand bewusst zu machen. Deshalb lade ich dich ein:

«Beobachte deine Gedanken und Gefühle im Umgang mit Geld.»

Viele Jahre hatte ich Geldsorgen. Ich fragte mich: «Weshalb geht mir immer wieder das Geld aus?» Da ich mich mit dieser Situation nicht abfinden wollte, befasste ich mich mit dem Thema «**finanzielle Fülle**», las entsprechende Bücher oder hörte mir Interviews dazu an. So veränderte sich mein Bewusstsein im Umgang mit Geld nach und nach grundlegend. Gerne möchte ich zwei Übungen mit dir teilen, die mir damals die Augen geöffnet haben.

Übung 1: Nimm dir 20 Minuten Zeit und schau, dass du ungestört bist. Setz dich mit einem 100-Euro- oder -Franken-Schein an einen Tisch. Nimm den Schein in die Hand und beobachte deine Gedanken und deine Gefühle. Mögliche Fragen, die du dir stellen kannst:

Fühlt sich das Geld angenehm / unangenehm an und weshalb? Wie wurde in meiner Familie über Geld gesprochen? Waren / sind wir eine reiche / arme Familie? Fühle ich mich heute reich / arm und weshalb?

Notiere deine Erkenntnisse. Wenn du magst, kannst du zum Abschluss der Übung sagen:

«Danke für all das Geld, dass ich in meinem Leben bekommen habe.»

Übung 2: Behalte denselben Geldschein mindestens vier Wochen in deinem Portemonnaie, ohne ihn auszugeben. Du kannst die Wirkung der Übung verstärken, wenn du Geldscheine im Wert von mehreren 100 Euro oder Franken mit dir trägst. Beobachte in dieser Zeit, was *es* mit dir macht, mit «viel» Bargeld unterwegs zu sein. Mögliche Fragen zur Reflexion:

Fühlt es sich angenehm / unangenehm an und weshalb? Bin ich den Umgang mit Bargeld gewohnt? Habe ich Angst das Geld zu verlieren? Fällt es mir leicht, das Geld nicht auszugeben?

Notiere wiederum deine Erkenntnisse. Wenn du Lust hast, kannst du die Geldscheine weiterhin mit dir tragen oder diese nach vier Wochen auf besondere Art und Weise «investieren». Damit ehrst du die Geldscheine, die dich begleitet haben, und gleichzeitig widmest du der weiteren Verwendung deine besondere Aufmerksamkeit:

Was wir lieben und respektieren, wendet sich uns zu.

Das bedeutet umgekehrt auch, dass (oftmals unterdrückte) Gefühle wie *Eifersucht, Zweifel, Angst* oder *Neid* in Bezug auf Geld dazu führen, dass sich finanzielle Fülle eher von uns abwendet. Die Energie der Gedanken folgt der Aufmerksamkeit:

Das, worauf wir fokussieren, wird mehr und verstärkt sich.

Viele wohlhabende Menschen gehen mit Geld deshalb demütig und grosszügig um. Sie fühlen tiefe Dankbarkeit für ihren Reichtum. Dies unterscheidet sie auch von reichen Menschen, die trotz dem vielen Geld oft unglücklich sind im Leben.

Wem es an Geld mangelt, hat oft die Tendenz, Geld an sich zu reissen, ohne die Bereitschaft dafür einen fairen Gegenwert oder Ausgleich zu schaffen. Wer Billiges kauft, tut dies möglicherweise, weil er unbewusst denkt, dass ihm Wertvolles nicht zusteht. Wieder andere geben Geld unkontrolliert aus und machen sogar Schulden. Diese Bespiele verweisen darauf:

Deine finanzielle Situation ist die natürliche Folge dessen, wie du mit Geld umgehst.

Das ist eine gute Botschaft, wenn du dir mehr finanzielle Fülle wünschst. Denn die Fähigkeit, finanzielle Mittel zu erlangen und

Vermögen aufzubauen, ist lernbar, sofern du bereit bist, dein **Geldbewusstsein** zu erforschen und dein Verhalten im Umgang mit Geld zu überdenken.

Sinnvoller Fokus

«Es gibt nur eine Qualität, die man besitzen muss, um zu gewinnen, und das ist die Endgültigkeit eines Ziels, das Wissen, was man haben möchte, und ein brennendes Verlangen danach, es besitzen zu wollen.»

Napoleon Hill (1883–1979), Schriftsteller

Ich bin immer wieder überrascht, wie viele Menschen sich Veränderung im Leben wünschen und weiterhin alles so tun wie bisher. Sie denken die gleichen Gedanken und beurteilen andere oder sich selbst wie gewohnt. Doch wer mehr Geld haben möchte als bisher, kommt nicht umhin, den eigenen Umgang mit Geld und Wert zu überdenken.

Vielleicht kennst du das Buch «Rich Dad Poor Dad» von Robert Kiyosaki. Er erzählt darin die Geschichte, dass er in seiner Jugend einen «reichen Vater» und einen «armen Vater» hatte. Nachdem er die Ratschläge des Ersteren beherzigt hatte, konnte er sich mit 47 Jahren zur Ruhe setzen. Er hatte gelernt, Geld für sich arbeiten zu lassen, statt umgekehrt. Er sagt:

> «Scheitern ist ein Prozess auf dem Weg zum Erfolg. Menschen, die Misserfolge vermeiden, vermeiden auch Erfolg.»

Energie folgt wie bereits erwähnt der Aufmerksamkeit. Wenn wir uns auf ein Ziel fokussieren, mobilisieren wir Kräfte, die zur Realisierung des Ziels beitragen. Dieses Prinzip funktioniert im Sport und auch im finanziellen Bereich. Geld strömt dir zu, wenn du weisst, wofür du es brauchst und bereit bist, eine gleichwertige Ge-

genleistung zu erbringen.[36] Wenn du magst, definiere jetzt ein finanzielles Ziel. Vielleicht möchtest du bis am 31.12.20XY genügend Geld haben, um ein E-Bike im Wert von 2'500 Euro oder Franken zu kaufen.

Je konkreter du ein Geld-Ziel definierst, desto wahrscheinlicher ist dessen Erfüllung.

Diese Wirkung kannst du verstärken, indem du vor dem inneren Auge bereits *siehst*, wie du auf dem E-Bike durch die Landschaft fährst, während du den Fahrtwind auf deiner Haut *spürst*. Denn aus der Gehirnforschung ist bekannt: Unser Gehirn kann nicht unterscheiden zwischen dem, was wir uns bloss ausdenken, und demjenigen, das bereits der Realität entspricht.

Doch sich «reich zu denken» ist nur die eine Seite der Münze. Ich habe gelernt, dass Geldenergie stets nach Ausgleich strebt. Deshalb ist es ratsam, in Bezug auf die eigenen Finanzen aktiv zu werden. Dies führt uns zur dritten Übung, die meinen Umgang mit Geld verbessert hat. Ich empfehle dir diese einfache Formel, falls du sie nicht bereits umsetzt:

«Gib nicht mehr Geld aus, als du einnimmst.»

Übung 3: Wenn du deine finanzielle Situation wirklich verändern möchtest, nimm dir in den nächsten drei Wochen Zeit, ein detailliertes Budget zu erstellen, in Bezug auf: deine Einnahmen, Ausgaben, Verpflichtungen und Vermögensbestandteile.

3 a) Liste alle Einnahmen und alle regelmässigen Ausgaben auf und berechne, wie viel Geld am Monatsende übrigbleibt oder fehlt. Reduziere deine Ausgaben mindestens um den Betrag, der dir allenfalls monatlich fehlt. Das Ziel ist in jedem Fall ein monatlicher **Überschuss**, damit dich auch unerwartete Ausgaben nicht aus der Bahn werfen oder zum Schuldenmachen zwingen.

3 b) Schreib dir zusätzlich auf, wer dir oder wem du Geld schuldest. Dazu gehören auch geliehene Wertgegenstände. Berechne den genauen Betrag, der dir geschuldet wird und erinnere die entsprechenden Personen an die Rückzahlungsfrist. Gleichzeitig berechnest du die Summe, die du gegebenenfalls anderen schuldest. Beginne sofort, einen Teil deines monatlichen Überschusses für die **Rückzahlung** zur Seite zu legen, oder erstelle einen Dauerauftrag in deinem E-Banking, um monatlich einen Betrag abzuzahlen. Das Ziel ist, in absehbarer Zeit keine Schulden mehr zu haben. Falls du stark verschuldet bist, nutze das Angebot einer Schuldenberatungsstelle.

3 c) Liste all deine finanziellen **Vermögensbestandteile** auf und auch Werte, die zum Beispiel in Form von Schmuck, Edelmetall oder Liegenschaften «gebunden» sind.

Das übergeordnete Ziel der Übung ist es, im Lebensbereich «Finanzen» **Klarheit** zu schaffen. Denn gemäss Aditya Nowotny gibt es, insbesondere in Zeiten wirtschaftlicher Ungewissheit, zwei Gruppen von Menschen: Jene, die sich dem Thema «Geld» stellen und ihre Aufmerksamkeit darauf richten, und jene, denen das Thema «Geld» unangenehm ist, es vermeiden und wegschauen.

Zu welcher Gruppe gehörst du?

Früher hatte ich Angst davor, meinen Kontostand zu sehen. Ich zahlte Rechnungen mit dem unguten Gefühl, dass mir dadurch Geld fehlt. Heute nehme ich mir bewusst jede Woche Zeit für meine Geldangelegenheiten. Ich zahle Rechnungen sofort und fühle dabei **Dankbarkeit** für die erhaltene Leistung. Auch für meine Einnahmen bedanke ich mich innerlich. Seit mir bewusst ist, dass ich infolge meiner beruflichen Tätigkeit täglich neue Dinge lerne, fühlt sich mein Monatslohn zudem an wie «bezahlte Weiterbildung».

Vielleicht inspiriert dich dieses Kapitel in der nächsten Zeit, um in Bezug auf deine **Geld-Programmierung** neue Perspektiven zu beleuchten. Und vielleicht magst du dir deine Werte regelmässig bewusst machen (→ Schritt 4):

Welchen Wert gebe ich den Produkten oder Dienstleistungen, die ich selbst erbringe oder nutze?

Reichtum fühlen

«Im Osten verdammen die Menschen den Körper und die Materie. Das ist der Grund dafür, warum der Osten arm und krank bleibt und hungert. Eine Hälfte der Menscheit hat die innere Welt bejaht und die äussere geleugnet. Die andere Hälfte der Menscheheit hat die materielle Welt bejaht und die innere Welt geleugnet. Beide sind nur halb, und ein halber Mensch kann niemals zufrieden sein».[37]

Wenn wir die Natur beobachten, sehen wir Fülle im Überfluss. Bäume und Sträucher bringen jedes Jahr aufs neue ihre Samen und Früchte hervor. Das Gras wächst zwar nicht schneller, wenn wir daran ziehen, doch es wächst fortwährend. Wenn ich ein paar Tage nicht zu Hause war, staune ich bei der Rückkehr immer wieder, wie sehr meine Pflanzen und Microgreens während meiner Abwesenheit gewachsen sind. Das natürliche Prinzip des «**Wachstums**» unterstreicht Paul Zane Pilzer, wenn er sagt:

> «Gott selbst möchte, dass du reich bist.»

Für Menschen, die kaum Geld haben, ist dieser Satz ein schwacher Trost. Oft fühlen sie sich innerlich *leer*. Manche schämen sich für die empfundene Armut, während andere jammern oder sich beklagen. Durch meine berufliche Tätigkeit habe ich Menschen getroffen, die sagten, sie hätten momentan kein Geld. Wenn ich sie fragte, ob sie Lebensmittel zu Hause hätten, antworteten sie meistens: «Ja. Ich habe genug zu essen.» Gewisse Menschen bezeichnen sich als arm, obwohl sie noch 1'000.- Euro oder Franken auf dem Konto haben. Andere Menschen fühlen sich mit demselben Kontostand reich.

Was ist ihr Geheimnis?

Sie sind meistens dankbar für alles, was sie bereits in ihrem Leben haben, wie zum Beispiel: genug zu essen, eine warme Wohnung, den Tisch in der Küche, den Stuhl im Büro, die öffentlichen Verkehrsmittel, das Auto, die Familie, Freunde oder Bekannte, das Haustier, Bücher, die Jahreszeiten und so weiter.

> Innerer Reichtum ist nicht abhängig von äusserem Reichtum.

Oft erleben jene Menschen, die sich innerlich reich fühlen, auch Fülle im Aussen. Dieses Kapitel soll dich deshalb dazu inspirieren, dein Bewusstsein für Reichtum und Wert auf alle Lebensbereiche auszudehnen. Denn wenn du deine Gaben mit der Welt teilst und auf das fokussierst, was Menschen vereint, schaffst du **Mehrwert** für die ganze Gemeinschaft.

> Möge das Leben für dich, deine Liebsten und uns alle fortwährend erfüllter werden.

Von Verbundenheit handelt auch das letzte Kapitel von Teil 2 dieses Buches.

Was du mitnehmen kannst:

Zum Mitnehmen

Für deine finanzielle Fülle

Beobachte deine Gedanken und Gefühle im Umgang mit Geld: Halte mit einem Geldschein «Zwiesprache» und / oder trage einige Zeit viel Bargeld bei dir.

Empfinde Dankbarkeit für all das Geld, das du in deinem Leben bereits bekommen hast, zum Beispiel in Form von Schulbildung, Nahrung oder Geschenken.

Gewöhne dir an, Geld eine Aufgabe zu geben: Je konkreter du ein Geld-Ziel definierst und je intensiver du es fühlst, desto wahrscheinlicher ist dessen Erfüllung.

Gib nicht mehr Geld aus, als du einnimmst. Nimm dir Zeit, ein detailliertes Budget in Bezug auf deine Einnahmen, Ausgaben, Verpflichtungen und Vermögensbestandteile zu erstellen. Falls du Schulden hast, beginne diese abzuzahlen.

Entscheide, mit welcher inneren Haltung du fortan deine Rechnungen bezahlen und deine Einnahmen empfangen möchtest. Die «Geldenergie» freut sich über Zuwendung.

Werde dir bewusst, welchen Wert du Produkten oder Dienstleistungen gibst, die du selbst erbringst oder die du von anderen nutzt.

Sei dankbar für alles, was du bereits in deinem Leben hast. Erforsche die Fülle in allen Lebensbereichen.

Bereich 7: Freizeit, Kreativität

«Es gibt nichts zu tun, ruhe einfach in der Fülle dessen, was du jetzt bist. Geniesse diese Gemächlichkeit, die dich zur Ruhe kommen und erkennen lässt, dass du bereits zu Hause bist.»

Osho, Spiritueller Lehrer (1931–1990)

Die meisten Menschen, die ich kenne, wünschen sich mehr Freizeit: mehr Raum für sich selbst. Diese Tendenz stelle ich auch bei mir fest.

Doch wie kommt es, dass wir denken, zu wenig Zeit zu haben?

Eine schlüssige Erklärung ist, dass wir uns in Gedanken an das, was noch alles zu tun ist, verlieren. Und je mehr wir gleichzeitig tun wollen, desto unproduktiver werden wir: «Die Katze beisst sich in den Schwanz.» Wer gestresst ist, erlebt «Zeitarmut» und erzeugt unbewusst mehr desselben: Energie folgt bekanntlich der Aufmerksamkeit. Oft setzen wir uns selbst unter Druck, weil wir denken, dass ohne uns nichts geht – oder zumindest nicht so, wie wir es wollen. Solche Gedanken kommen aus dem Ego, wie wir in Teil 1 dieses Buches besprochen haben (→ Schritt 3). In diesem Kapitel geht es um die **Entschleunigung** deiner Gedanken. Ein chinesisches Sprichwort besagt:

«Wenn du schnell sein willst, geh langsam.»

Nimm dir deshalb täglich mindestens 10 Minuten Zeit für dich selbst, unabhängig davon, ob du gerade «frei» oder Urlaub hast. Erinnere dich an deine **Kraftquellen** (→ Schritt 7) und nutze diese Orte oder Tools.

Zusätzlich kannst du ausprobieren, dich einmal bewusst ein paar Stunden oder einen ganzen Tag in die Natur zu setzen: ohne technische Geräte, vielleicht nur mit einer Flasche Wasser und einem Notizbuch.

Schau, was die Natur dich lehrt, während du dich kennenlernst.

Oder du nutzt deine Freizeit, um bewusst irgendetwas «Unwichtiges» oder «Unnützes» zu tun. Beobachte dein Verhalten, wenn nichts zu tun ist:

Wer bist du, wenn Langeweile aufkommt?

Meist werden nun genau jene **Reaktionsmuster** aktiv, die uns auch im Alltag limitieren. Erinnere dich daran:

Im JETZT gibt es keinen Stress.

Tauche deshalb so oft, wie du kannst, in den gegenwärtigen Moment ein, jenseits von dem, was gerade war und gleich noch kommt.

Eigene Natur

«Der eine Mensch geht gern in sich hinein,
der andere gern aus sich heraus.»

Carl G. Jung (1875–1961), Analytischer Psychologe

Es gibt Menschen, die gerne allein unterwegs sind, und jene, die sich besonders wohl fühlen, wenn sie mit anderen etwas unternehmen:

Zu welchem Typ gehörst du?

Aus meiner Sicht ist es hilfreich, sich das eigene Wesen bewusst zu machen und auch in der Freizeit zu berücksichtigen. Um sich selbst besser zu verstehen, erscheint mir die Persönlichkeitstheorie des

Psychologen Carl Jung aufschlussreich. Er unterscheidet zwischen «Introversion» und «Extraversion»:

Introvertierte Menschen sind nach innen gekehrt. Sie wirken häufig still und zurückhaltend. Sie agieren überlegt und nehmen oft die Rolle eines passiven Beobachters ein. Sie können aktiv am sozialen Leben teilnehmen, benötigen jedoch zum Ausgleich Zeit für sich, um Kraft zu tanken und frische Ideen zu kreieren.

Der Fokus von **extrovertierten** Menschen liegt im Aussen. Sie haben eine Vorliebe für direkte Erlebnisse mit Dingen und anderen Menschen. Sie können ihre Batterien am besten aufladen, wenn «etwas läuft» und sie aktiv sind.

Bist du eher leise oder temperamentvoll?

Egal, ob du eher introvertiert oder extrovertiert bist: Beide Persönlichkeitsmerkmale haben ihre Vorzüge, wie Anne Heintze erklärt:

«Introvertierte Menschen sammeln zunächst Informationen, verarbeiten sie in aller Stille und ergreifen dann das Wort. Allerdings mangelt es ihnen häufig an den Fähigkeiten, ihre Gedanken überzeugend zu präsentieren, wobei sie wiederum von den Extrovertierten profitieren können. Beide zusammen würden ein ideales Gespann ergeben.»

Diese Erkenntnis ist auch wertvoll in Beziehungen, damit die Partner noch mehr Interesse und Verständnis für das Verhalten des Gegenübers entwickeln können.

Gemäss Jung kann jeder Mensch in einem gewissen Rahmen sein Verhalten beeinflussen. So haben auch extrovertierte Mensch gelegentlich eine introvertierte Phase und umgekehrt. Die Kunst besteht darin, die eigene Balance zu finden.

Wer sein eigenes Wesen ehrt, kann sich entfalten.

Dann ist es auch nicht mehr nötig, gegen «die Lauten» oder «die Leisen» zu kämpfen – besonders in anspruchsvollen Zeiten – weil jeder Mensch sein Naturell leben darf.

Soziales Umfeld

Mit welchen 5 Menschen verbringst du am meisten Zeit?

Gemäss Jim Rohn ist unser Verhalten der Durchschnitt des Verhaltens der 5 Menschen, mit denen wir am meisten Zeit verbringen. Unsere Ideen und Handlungen sind von diesen Personen beeinflusst. Oft arbeiten und verdienen wir sogar in ähnlichem Ausmass wie sie.

In einem Umfeld, wo tägliche Bewegung beispielsweise an der Tagesordnung ist, wirst du selbst automatisch dazu animiert, ebenfalls körperlich aktiver zu sein. Der positive Nebeneffekt dabei: Du tust deiner Gesundheit etwas Gutes, sofern die Intensität der Aktivität auf dein Körpergefühl abgestimmt ist.

Sogar Menschen, die mit unseren Freunden befreundet sind oder in Kontakt stehen, können indirekt Einfluss auf uns haben. Deshalb ist es ratsam:

> «Entscheide bewusst, mit wem du deine Zeit verbringst.»

Du weisst bestimmt, welche Menschen in deinem Umfeld «Energievampire» sind. Wer sich hauptsächlich mit Menschen umgibt, die eine negative Einstellung zum Leben haben, hat vermutlich Mühe, im Vertrauen und in der Positivität zu bleiben.

> «Erlaube dir, mehr Zeit mit Menschen zu verbringen, die dir guttun und dich inspirieren.»

Als ich begonnen habe, bewusst zu wählen, mit wem ich meine Zeit verbringe, hat sich mein **Wohlbefinden** insgesamt verbessert, insbesondere in Bezug auf meine Gesundheit und meinen beruflichen

Erfolg. Zudem kann ich auch in das Leben der Menschen, die mich gerade begleiten, positiv hineinwirken: Wir motivieren und inspirieren uns gegenseitig auf unserem Weg: Ein Mehrwert, der gleichzeitig eine Kraftquelle ist.

Wenn du ein bestimmtes Ziel erreichen möchtest, ist es klug, dich mit Menschen zu umgeben, die bereits dort sind, wo du hinmöchtest, und die dich womöglich bei deinem Vorhaben unterstützen können.

Folge der Freude

«Tu etwas, dass dir Spass macht. Etwas, dass du nicht brauchst, um du selbst zu sein. Zeit ist genau das, was du nicht brauchst, um dich selbst zu finden. Du erfährst dich immer nur jetzt – in der Präsenz: Wenn Denken ohne Denkzwang funktioniert.»

Eckhart Tolle, Spiritueller Lehrer

Was möchtest du mal getan haben im Leben?

Was würdest du jetzt tun, wenn Zeit und Geld keine Rolle spielten?

Die Antworten auf diese Fragen verweisen auf Dinge, die dir besonders Freude machen. Mir erscheint es sinnvoll, sich Tage freizuhalten, in die wir ohne Konzept «hineinleben» können. Damit meine ich allerdings nicht, dass wir uns im Internet oder in den sozialen Medien verlieren. Vielmehr spreche ich Dinge an, die uns wirklich *nähren* und uns Kraft schenken. In der «radikalen» Ehrlichkeit mit uns kann das bedeuten, dass wir trotz garstigem Wetter einen Spaziergang machen, weil sich unser Körper nach Bewegung sehnt. Um das zu tun, was uns guttut, brauchen wir manchmal einfach einen liebevollen Tritt in den «Allerwertesten»:

> «Der Mensch ist von Natur aus faul, wenn es um Bewegung geht.»

Dieser Ansicht ist Roland Liebscher-Bracht. Er geht davon aus, dass Faulheit ein «Steinzeitprogramm» ist, das uns bis heute beeinflusst. Energievergeudung sei in unserer Vorzeit lebensgefährlich gewesen. Urmenschen hätten sich deshalb nur so viel bewegt wie nötig. Deshalb falle es manchen Menschen heute so schwer, in die Gänge zu kommen und dran zu bleiben, wenn es um Bewegung gehe.

«Dies erklärt einiges», sagst du jetzt vielleicht grinsend. Mir hilft es, mich auf das «Gefühl danach» zu freuen, falls sich ein Teil in mir sträubt, nach draussen zu gehen. Denn ich weiss, angemessene Bewegung und frische Luft tun mir immer gut.

> «Verbinde dich mit dem Gefühl, wie es dir nach einem Spaziergang geht.»

Ungeachtet dessen, ob der Mensch nun faul ist oder nicht: Die **Neugierde** entspricht aus meiner Sicht ebenfalls der menschlichen Natur. Sie erinnert uns auch an die kindliche Herangehensweise, etwas spielerisch zu lernen. Und oft entspringt die natürliche Neugierde aus der Langweile und mündet vielleicht in unserer **Kreativität**.

Die Neugierde ist vermutlich auch die Triebfeder, für den Wunsch einmal eine längere Reise im In- oder Ausland zu machen. Wie du mittlerweile gemerkt hast, ist «die Reise zu mir selbst» mein grösstes Hobby. Deshalb verbringe ich meine «Ferien» auch oft in Selbsterkenntnisseminaren. «Jedem Tierchen sein Pläsierchen», wie der Dichter Edwin Bormann einmal so schön sagte. Fakt ist:

> Zeit für Regeneration und Ausrichtung brauchen wir alle.

Und jeder Mensch tut sich Gutes, wenn er in seiner Freizeit dafür sorgt, Kraft zu tanken. Doch es ist aus meiner Sicht ein Trugschluss zu glauben, dass dies reicht. Den Körper regelmässig bei der Entgiftung zu unterstützen, sich vitalstoffreich zu ernähren, für ausreichend Schlaf zu sorgen und nährende Freundschaften zu pflegen, ist aus meiner Sicht eine ständige Aufgabe, die sehr rasch zu einer verbesserten **Lebensqualität** und zu nachhaltiger Gesundheit führt.

Je mehr wir mit unserem Herzen verbunden sind, desto schneller *fühlen* wir, was gerade wirklich wichtig ist, wie zum Beispiel eine berufliche Veränderung, falls uns die Arbeit nicht mehr die gewohnte Freude bringt und uns immer mehr auslaugt. Gerade in der Freizeit ist es empfehlenswert, das Beobachten der Gedanken zu kultivieren, damit wir in der Geschäftigkeit des Alltags Zugriff auf diese Fähigkeit haben. Denn sie ist die Voraussetzung dafür, dass wir auch in unserer Mitte bleiben können, wenn es stürmt.

> Mit einer guten «Gedankenhygiene» gelingt es besser, die Energie auf das zu lenken, was wir verändern können.

Wenn unser Fokus auf Dingen ruht, die wir nicht beeinflussen können, verlieren wir Lebensenergie. Ich motiviere dich deshalb fortwährend dazu, Ordnung in meiner Gedankenwelt zu halten. Den Geist regelmässig zu «reinigen» mit Atemübungen, Meditationen, ätherischen Ölen oder anderen Varianten, ist offenkundig eine Gewohnheit von erfolgreichen Menschen.

Erforsche, was sich für dich und in dir stimmig *anfühlt*. Mach mehr davon. Lass weg, was dir nicht dient. So gehst du weiter auf deinem **Herzensweg** hin zu deiner persönlichen **Entfaltung**.

Was du mitnehmen kannst:

Zum Mitnehmen

Für deine Freizeit

Nimm dir täglich mindestens 10 Minuten Zeit für dich selbst. Baue Kraftquellen auch in deinem Alltag ein.

Beobachte dein Verhalten, wenn du ab und zu bewusst nichts tust.

Mach dir klar, ob du Kraft aus der Ruhe oder der Aktivität gewinnst, und nutze diese Erkenntnis in deiner Freizeit.

Entscheide bewusst, mit wem du dich umgibst. Erlaube dir, mehr Zeit mit Menschen zu verbringen, die dir guttun und dich inspirieren.

Tue Dinge, die dich nähren und in deiner Entwicklung weiterbringen. Verbinde dich mit dem Gefühl danach, falls du Anlaufschwierigkeiten hast.

Beobachte auch in der Freizeit deine Gedanken, damit du in turbulenten Zeiten Zugriff auf diese Fähigkeit hast.

Betreibe laufend «Gedankenhygiene» und lenke deine Energie bewusst auf das, was du verändern kannst.

Résumé: Entfaltung

«Die höchste Lebensqualität ist nicht erreicht, wenn man es am bequemsten hat, sondern wenn man sich am besten entfalten kann.»

Henriette Hanke (1785–1862), deutsche Schriftstellerin

Vor einiger Zeit habe ich Menschen in meinem Umfeld befragt, woran sie merken würden, wenn sich ihre Lebensqualität verbessert. Viele antworteten, dass sie sich «gelassener» und «ausgeglichener» fühlen würden. Interessanterweise sind sich dieselben Menschen oft bereits bewusst, was ihr Leben bereichern könnte, wie zum Beispiel eine bessere Arbeitsorganisation, eine erfüllendere Aufgabe oder die klare Absicht, gewisse Dinge (endlich) in die Tat umzusetzen.

Wieso sind viele Menschen nicht bereit dazu, selbst etwas für mehr Wohlbefinden zu tun?

Aus meiner Sicht gibt es zwei Gründe dafür:

Einerseits lieben Menschen die Bequemlichkeit in der eigenen «Komfortzone». Auch wenn dies bedeutet, immer wieder leidvolle Situationen zu erleben. Unser Ego ist trickreich und redet uns oft ein, dass das «Gras» jenseits des gewohnten Gartenzaunes auch nicht grüner ist. So sparen wir uns die Mühe nachzusehen, ob das wirklich stimmt nach dem Motto:

«Lieber bekannter Schmerz statt unbekanntes Glück.»

Andererseits nutzen Menschen gerne Ausreden, um sich nicht der eigenen Entfaltung widmen zu müssen. Obwohl wir eigentlich wissen, was uns guttut, verzichten wir oft darauf, weil wir damit niemandem aus unserem Umfeld vor den Kopf stossen möchten: sei es den eigenen Kindern, unseren Vorgesetzten oder unseren Freunden.

Aus meiner Erfahrung haben das Festhalten an bequemen Dingen und das Vorschieben von Ausreden damit zu tun, dass wir unbewusst Angst vor unserer eigenen **Grösse** haben. Als ich erkannte, dass ich gewisse Dinge in meinem Leben nicht umsetze, aus Angst davor, sichtbarer und damit angreifbarer zu werden, hatte dieses «Selbstsabotageprogramm» ausgedient.

Seither ist mein Leben nicht mehr so bequem wie vorher: Mich Dingen zu widmen, die mir und anderen dienen, fordert mich einerseits zeitlich. Andererseits ist mein Leben dadurch erfüllter als früher: Ich bin trotz mehr Arbeit produktiver, weil ich mich weniger von «unnützen» Dingen ablenken lasse, und habe dadurch genügend Zeit für mich selbst.

Bist du bereit Denkmuster, die dich zurückhalten, loszulassen?

Falls nein, geniesse es wenigstens in deinem gewohnten Komfort. Doch verzichte gerne darauf, andere für deine Situation verantwortlich zu machen.

Falls ja, sei bereit, alles zu *fühlen*, was auf dem Weg deiner Entfaltung in dir aufsteigt. Sei radikal ehrlich mit dir.

«Hab nicht den Anspruch, perfekt zu sein, sondern menschlich.»

Egal wie du dich entscheidest. Das Einzige was es aus meiner Sicht im Leben zu tun gibt, ist:

«Trage die Konsequenzen für dein Handeln.»

Du hast es bereits während den ersten 7 Schritten dieses Buches gewagt, gewisse Denkmuster zu hinterfragen. Du hattest den Mut weiterzugehen auf deinem Herzensweg. Nun weisst du, wie es um dein Wohlbefinden in 7 zentralen Bereichen deines Lebens steht. Es liegt nun in deiner Macht:

«Stärke deine Gesundheit eigenverantwortlich, lerne deine Familie immer wieder aufs Neue kennen, gestalte deine Beziehungen liebevoller, folge dem Ruf deiner Bestimmung mehr und mehr, schaffe Platz in deinem Zuhause, bringe Klarheit in deine finanziellen Angelegenheiten und tue mehr Dinge, die dich nähren.»

Du hast die Brücke von deinem Herzen in dein LEBEN geschlagen: Ich bin stolz auf dich! Freu dich, dass dein **Selbst-Bewusst-Sein** fortwährend wächst und dass deine Tage, auch wenn es manchmal stürmt, stets Glücksmomente enthalten.

Wenn Herz und Verstand Hand in Hand gehen, führt dich die Brücke in deine innere Freiheit. Wenn du diese Verbindung fühlst, führt dich dieselbe Brücke in ein befreites Leben. Du erkennst, dass **Ehrlichkeit** in allen Lebensbereichen zu deiner persönlichen Entfaltung beiträgt.

In Teil 3 setzen wir diese Reise fort und schlagen die Brücke von Dir und deinem Leben zum WIR. Denn mehr Lebensqualität tut uns allen gut.

Pack dafür ein, was du von hier mitnehmen möchtest. Zur Inspiration kann dir alles dienen. Die beste Wahl ist das, was dich gerade am meisten berührt. Doch vertraue auch auf deine Weisheit, wie Anke Maggauer-Kirsche so schön andeutet:

> «Stelle alles in Frage und vertraue auf die Antwort, die du dir gibst.»

Teil 3 – Gehe auf deinem Weg

«Was keiner wagt, das sollt ihr wagen
was keiner sagt, das sagt heraus
was keiner denkt, das wagt zu denken
was keiner anfängt, das führt aus.

Wenn keiner ja sagt, sollt ihr's sagen
wenn keiner nein sagt, sagt doch nein
wenn alle zweifeln, wagt zu glauben
wenn alle mittun, steht allein.

Wo alle loben, habt Bedenken
wo alle spotten, spottet nicht
wo alle geizen, wagt zu schenken
wo alles dunkel ist, macht Licht.»

Lothar Zenetti

Die Brücke zum WIR

«Wir fangen jetzt an, wir gehören zusammen, dass sieht man uns an.
Wir fangen jetzt an, und ein jeder ist wichtig, weil ein jeder was kann.»
Kinderlied

In den letzten Kapiteln hast du es gewagt, deine Lebensbereiche ehrlich zu beleuchten. Du hast es vielleicht in Angriff genommen, dir einen Überblick über deine Finanzen zu verschaffen oder endlich die vollgestopfte «Abstellkammer» aufzuräumen. Womöglich hast du dich von Dingen getrennt. Das kann manchmal schmerzhaft sein. Doch **Ehrlichkeit** bringt immer auch **Klarheit** mit sich.

> Loslassen ist heilsam, wenn wir Schmerz und Trauer erlauben.

Vielleicht ist in dir in Teil 2 dieses Buches die Bereitschaft gereift, mehr **Verantwortung** für die eigene Gesundheit oder liebevollwertschätzende Beziehungen zu übernehmen. Damit betrittst du eventuell neues Terrain, jenseits deiner Komfortzone. Doch unbequeme Gespräche oder Situationen sind Chancen, über sich hinauszuwachsen.

> Je mehr wir uns selbst so annehmen, wie wir sind, desto wahrhaftiger können wir andere Menschen lieben.

Du hast die Brücke von deinem Herzen in dein LEBEN geschlagen. Das eigene Leben aktiv und bewusst zu gestalten, bedeutet «gelebte» Selbstliebe. Jetzt gehst du auf deinem Herzensweg und entfaltest dich dabei wie eine Blume ihre Blütenblätter: eins nach dem anderen. Es besteht kein Grund zur Eile. Deshalb lade ich dich ein, mit mir spontan einen Ausflug in die Natur zu machen. Wir werden dabei auf andere Menschen treffen und ich verrate dir unterwegs drei Geheimnisse. Wie du deinen Rucksack packst, überlasse ich dir.

Lässt du dich ein auf die Begegnung mit Menschen, die du noch nicht kennst?

Falls «Nein», ist es vermutlich gerade wichtiger, dass du deine Energie dir selbst und deiner Familie widmest. Falls «Ja», fühlst du womöglich, dass es für dich an der Zeit ist, mehr Mitgefühl und Nächstenliebe jenseits des eigenen Lebens zu kultivieren.

Die kommenden Seiten dienen deiner Horizonterweiterung. Ich gebe dir Einblick in eine Lebenswelt, die mir sehr vertraut und dir vielleicht noch fremd ist. Eventuell mit dem Resultat, dass du die Gemeinschaft, in die du eingebunden bist, mit einem liebevolleren Blick betrachten möchtest.

Geheimnis 1: Zurück zur Natur

«Schau tief in die Natur, und dann wirst du alles besser verstehen.»

Albert Einstein (1879-1955), Physiker

Die 7 Schritte, die du in Teil 1 dieses Buches gegangen bist, haben dich mit dem «Klima», das in dir herrscht, in Kontakt gebracht: deiner inneren Natur. Du hast zum Beispiel gelernt, wie du mit «Gedankenwolken» oder «Gefühlswellen» sinnvoll umgehen kannst. Ich habe dich abschliessend eingeladen, die äussere Natur als Kraftquelle zu nutzen (→ Schritt 7).

Auch in den verschiedenen Bereichen deines Lebens ist dir die Natur begegnet: Es war die Rede von Naturheilmitteln, welche die Gesundheit fördern, oder davon, wieviel Fülle uns das Naturreich widerspiegelt. Du hast auch gelernt, wie du in Beziehungen ehrlich im Gespräch bleiben kannst, wenn am blauen Himmel dunkle Wolken aufziehen. Auch in Teil 2 des Buches habe ich dich abschliessend motiviert, dein Naturell mehr und mehr zu leben. Gleichzeitig habe ich dich eingeladen, dich in deiner Freizeit von der äusseren Natur berühren zu lassen. Dir immer wieder Zeit zu schenken, sie zu beobachten und sie als Beispiel für ein Leben im Jetzt – jenseits von gesellschaftlichen, familiären und eigenen Erwartungen – zu nehmen (→ Bereich 7).

Im Vorwort dieses Buches wurde angetönt, dass die Entwurzelung vom natürlichen Leben eine gesellschaftliche Tendenz ist, die gewisse Gefahren mit sich bringt. Deshalb ist die Rückverbindung zur ursprünglichen Natur eine Chance. Vielleicht teilst du diese Sicht und hast dir beim Lesen der vorangehenden Seiten bereits konkret überlegt, wie dein Lebensstil nach und nach natürlicher wird. Falls nicht, schreibe dir jetzt eine «Sache» auf, die du in deinem Leben integrieren möchtest, und schau, dass du dafür jeden Tag «etwas», und sei es nur ein «bisschen», tust. Vielleicht gehst du ab sofort täglich, unabhängig von der inneren und äusseren Wetterlage, eine halbe Stunde in die Natur, um sie und dich zu beobachten. Oder du beginnst dich dafür zu interessieren, welche essbaren Wildkräuter, wie Löwenzahn, Brennnesseln oder Bärlauch, in deiner Umgebung wachsen.

Aus meiner Erfahrung steigert die Bewegung in und die Begegnung mit der Natur die eigene Lebensqualität. Deshalb möchte ich diesen Ansatz auf den kommenden Seiten vertiefen. Gerade in anspruchsvollen Zeiten suchen viele Menschen bewusst Orte in der Natur auf, um zur Ruhe zu kommen und durchzuatmen. Dabei ist uns meist nicht bewusst:

Unser Leben hängt von der Natur ab.

Wusstest du, dass ein grosser Baum in einer Stunde etwa so viel Sauerstoff produziert, wie 50 Menschen in derselben Zeit zum Atmen benötigen?

Im Biologieunterricht ist der Begriff «Fotosynthese» den meisten von uns begegnet. Die Fotosynthese stellt einen essenziellen, natürlichen Kreislauf dar: Mensch und Tier atmen Sauerstoff ein, «verbrauchen» ihn dabei und atmen Kohlendioxid (CO_2) aus. Dieses CO_2 nehmen die Pflanzen auf und gewinnen mit Hilfe des Sonnenlichtes Energie (Glucose), während neuer Sauerstoff freigesetzt wird. Faszinierend, wie dies ohne unser menschliches Zutun geschieht.

Eventuell hast du die Möglichkeit, von deinem Wohnort aus rasch in die Natur zu gelangen, um von den positiven Effekten zu profitieren, die sie auf dich hat. Vielleicht wohnst du *bewusst* im Grünen. Die ländliche Region ist für breite Teile der Schweizer Bevölkerung ein Sehnsuchtsort – besonders in Zeiten mit eingeschränkter Bewegungsfreiheit.[38] Der Trend der Rückwanderung von Städtern auf das Land, entweder temporär oder dauerhaft, ist auch in Deutschland beobachtbar.[39]

Naturgemäss treffen damit auch unterschiedliche Vorstellungen bezüglich der Landschaftspflege und -nutzung aufeinander. Nicht selten haben die «Einwanderer» aus der Stadt auch ein romantisches Bild von der Landwirtschaft. Vor Ort treffen sie dann auf gängige Produktionsweisen des modernen Ackerbaus und der Tierhaltung, was zu Irritationen führen kann.

Wie denkst du über die Art und Weise, wie in deinem Umfeld «Nutztiere» gehalten und Lebensmittel «produziert» werden?

Ich stelle dir diese Frage, weil ich in einer Bauernfamilie aufgewachsen bin. Gerne gebe ich dir ein Beispiel, wie ich früher mit kritischen Aussagen über die Landwirtschaft umgegangen bin und wie ich heute (re-)agiere.

Die Kühe und unser Stier hatten «Familienanschluss». Wir haben sehr viel Zeit in die tägliche Pflege der Tiere investiert und kannten ihr Verhalten, ihre Eigenarten genau. Als ich nach meiner Ausbildung in Städten lebte und meine Tätigkeit im Sozialwesen aufnahm, traf ich immer wieder auf Menschen, die sich sehr kritisch zur modernen Tierhaltung und der staatlichen Unterstützung der Landwirtschaft äusserten. Am Anfang war es für mich eine Herausforderung, damit umzugehen: ich nahm die Kritik persönlich.

Oft tappte ich in die Rechtfertigungsfalle (→ Schritt 6). Als mir dies bewusst wurde, konnte ich dem Reaktionsmuster widerstehen und mich auf ein offenes Gespräch mit den jeweiligen Menschen einlassen. Ich begann ehrlich nachzufragen, wie eine bestimmte «Meinung» entstanden war. Dabei zeigte sich, dass Vorurteile von Menschen ohne bäuerlichen Bezug häufig auf Unwissen oder Beobachtungen beruhen, die verallgemeinert werden. Im Austausch nutzte ich deshalb die Chance, meine und weitere mögliche Perspektiven in Bezug auf landwirtschaftliche Themen einzubringen. Die entsprechenden Personen waren oft dankbar für die Inspiration oder erkannten, dass sie sich gewisse Dinge in Bezug auf die Landwirtschaft noch gar nie überlegt hatten. Und gleichzeitig lernte ich die Perspektive dieser Menschen besser kennen. Im Austausch entstand ein gegenseitiger Mehrwert.

Ich habe dieses Buch geschrieben, weil ich mich *berufen* fühle, dich anzuregen, die Brücke zu deinem Herzen, in dein Leben und in dein Umfeld zu stärken. Als Brücken-Bauerin *fühle* ich auch den inneren Auftrag, Menschen aus unterschiedlichen Lebenswelten zu verbinden und zu einer friedlichen Kommunikation beizutragen. In Teil 3 des Buches geht es um das «WIR», und Bauernfamilien gehören mit ihrem Wirken für die Natur und die Gemeinschaft dazu.

Und was hast du davon?

Vielleicht bist du selbst ein «Bauernkind» oder hast bereits auf Bauernhöfen oder in der Alpwirtschaft (mit-)gearbeitet. Oder in deinem Freundeskreis gibt es Menschen aus der Landwirtschaft. Egal, ob du landwirtschaftliches Vorwissen hast oder nicht: Bauernfamilien haben aus meiner Sicht eine **Schlüsselfunktion**, da sie mit der Natur leben und mit ihr Nahrungsmittel erzeugen:

Ohne natürliche Lebensgrundlage können wir alle nicht überleben.

Der Naturschutz und die Schonung der natürlichen Ressourcen, wie Boden, Wasser und Luft, sind eine kollektive Aufgabe. Deshalb bist auch du gefragt. Doch in vielen Ländern sind sich die landwirtschaftliche und die nicht-landwirtschaftliche Bevölkerung fremd geworden. Auf der Basis meines aktuellen Wissens und persönlichen Erfahrungen möchte ich dir nun erzählen, wie es dazu kam.

Entfremdung

«Ich wundere mich, dass der Mensch in der Stadt so wenig Existenzängste hat. Er ist ja absolut abhängig davon, dass auf dem Land etwas wächst.»

Achim Heitmann, Demeter-Landwirt aus Deutschland

Früher hat fast jeder Mensch einen Bauern gekannt: den Grossvater, den Onkel oder den Nachbarn. Heute haben viele diesen Bezug verloren. Die Bauern sind der Gesellschaft fremd geworden: ihre Arbeit, die Abhängigkeit von der Natur und die Zugzwänge der Agrarpolitik. Verantwortlich dafür sind beide Seiten:

«Zu jeder Entfremdung in einer Beziehung gehören zwei.»

Zu diesem Schluss kam kürzlich eine Journalistin. Als das Essen noch knapp war, hätten die Bauern einen wichtigen gesellschaftlichen Status gehabt, schreibt sie weiter. Nach den Weltkriegen wurde immer mehr und intensiver produziert. Der Preis dafür stehe nun in den Schlagzeilen: Verlust der Artenvielfalt, überdüngte Böden, Pestizide in Gewässern.[40]

Gemäss Bundesamt für Statistik wurden in der Schweiz im Jahr 2020 genau 49'363 Betriebe gezählt. Die Zahl hat sich seit 1975 um mehr als die Hälfte halbiert. Gleichzeitig werden die Landwirtschaftsbetriebe immer grösser. Diese Entwicklung ist in ganz Europa beobachtbar.

Der landwirtschaftliche Strukturwandel ist kein neues Phänomen und hat verschiedene Gründe. Fakt ist, dass in den ländlichen Regionen immer weniger Bauernfamilien leben. Das bedeutet auch, dass bei politischen Abstimmungen zu Agrarvorlagen in der Schweiz Menschen aus der Stadt grossen Einfluss darauf nehmen können, inwieweit sich die gesetzlichen Rahmenbedingungen in der Landwirtschaft ändern.

Jüngst zeigte eine repräsentative Befragung, dass es in der Schweiz zwischen der Stadt und dem Land ein Spannungsfeld gibt. Ein Teil der Menschen, die in der Stadt oder auf dem Land leben, werfen sich gegenseitig mangelndes Interesse aneinander vor. Dennoch wird die Landbevölkerung von Städterinnen und Städtern als «sympathisch», «gesellig» oder «hilfsbereit» wahrgenommen. Menschen vom Land erleben die Stadtbevölkerung jedoch häufig als «arrogant», «oberflächlich» oder «egoistisch».

> «Das Bild des entwurzelten Stadtmenschen aus den Heidi-Romanen ist bis heute tief in den Köpfen verankert.»[41]

Auch ich stelle fest, dass Menschen mit ländlichem oder bäuerlichem Bezug das Stadtleben und das Sozialwesen oft sehr kritisch sehen. In den letzten Jahren habe ich mich deshalb dafür engagiert, dass sich Fachpersonen aus der landwirtschaftlichen Beratung und des Sozialwesens «besser kennenlernen» und infolgedessen auch zielführender zusammenarbeiten können. Als Agronomin und Sozialarbeiterin sind mir beide Welten vertraut. Nachfolgend möchte ich dir einen Blick hinter die «Stalltüre» gewähren, um den Alltag einer Bauernfamilie in der heutigen Zeit zu illustrieren.

Geheimnis 2: Bäuerliche Lebenswelt

«Der Wecker klingelt. Es ist kurz nach 5 Uhr an einem Sonntag. Peter macht sich parat für «seine» 30 Milchkühe und das Jungvieh, die wie jeden Tag darauf warten, gefüttert zu werden. Während dem Melken macht sich Peter Gedanken darüber, wie es mit dem Betrieb wohl künftig weitergehe. Die Kosten für die landwirtschaftliche Produktion steigen, während die Lebensmittelpreise stetig sinken: der finanzielle Spielraum wird enger für die Bauernfamilie.

Die Arbeitstage von Peter und seiner Frau Therese sind lang. Auf dem Hof fällt viel Handarbeit an, wegen den Obstbäumen und dem noch nicht modernisierten Heulager. Peter hat öfter Rücken-schmerzen. Doch zum Arzt will er nicht gehen, solange die Schmerz-mittel wirken. Therese wirft Peter gelegentlich vor, dass er sich zu wenig Zeit nehme für die Partnerschaft und die Familie. Doch er kann nicht überall gleichzeitig sein. Auch wenn er gerne einmal mit der Familie in den Urlaub reisen würde. Peter ist froh, dass der Sohn und die Tochter auf dem Betrieb mithelfen. Die beiden machen sich bereits Gedanken über die Berufswahl. Im Moment sprechen sie nicht davon, den Betrieb einmal zu übernehmen. Doch vielleicht ändern sie ihre Meinung noch.

«Denkst du an die Milch für die Kälber?», fragt Therese durch die halb offene Türe des Milchraums. Das Kälbertränken ist ihre Auf-gabe. Und heute hätte Peter fasst vergessen, Milch für die Kälber bereitzustellen.

Therese unterstützt Peter nicht nur im Stall, sondern auch bei den administrativen Arbeiten: die Dokumentation der vielen einzuhal-tenden Vorschriften ist zeitaufwändig. Doch glücklicherweise sind die letzten regulären und unangemeldeten Kontrollen problemlos verlaufen. Therese arbeitet drei Tage pro Woche in ihrem ursprüng-lichen Beruf als Lehrerin. Ohne das Zusatzeinkommen von Therese müsste Peter eine zusätzliche Einkommensquelle suchen, um die laufenden Rechnungen zu bezahlen und die notwendigen Investitionen tätigen zu können.

Die Preise praktisch aller landwirtschaftlichen Produkte sind in den letzten 20 Jahren gesunken. Die Grosszahl der Betriebe in der Schweiz wäre deshalb ohne die Direktzahlungen des Bundes nicht existenzfähig. Wobei die Direktzahlungen «eigentlich» für die Dienstleistungen der Bauernfamilien zu Gunsten der Gemeinschaft gedacht wären, wie die Nahrungsmittelversorgung und die Pflege der Kulturlandschaft (Schweizer Bundesverfassung, Art. 104). So wirft die Pflege einer Hecke keinen Produkteertrag ab, ist jedoch für die Biodiversität von unschätzbarem Wert. Für den entsprechenden Aufwand erhält Peter Direktzahlungen.

Was Peter und Therese neben dem wirtschaftlichen Druck auch immer mehr beschäftigt, sind Vorwürfe aus der Gesellschaft, dass die Landwirtschaft der Umwelt schade. Peter setzt nur so viele Dünge- und Pflanzenschutzmittel ein, wie erlaubt und nötig. Er ist als Bauer auf die Natur angewiesen und hat ein Interesse daran, sie zu schützen und für nachfolgende Generationen zu erhalten.

Vieles ist in der aktuellen Zeit belastend für die Bauernfamilie. Deshalb ist es wertvoll, dass sich Therese mit den Eltern von Peter sehr gut versteht. Sie haben den Hof früher bewirtschaftet und verbringen nun ihren Lebensabend im oberen Stockwerk des Bauernhauses. Die vielen schönen Seiten der bäuerlichen Lebenswelt: Der familiäre Zusammenhalt und die Arbeit mit den Tieren und der Natur geben Peter und Therese Kraft und Zuversicht. Sie sagen sich: «Auch wenn der «Sturm» stärker wird, finden wir Lösungen, wie es weitergeht.»

Was Therese und Peter beschäftigt, ist aktuell und in unterschiedlicher Ausprägung in vielen bäuerlichen Familien in Europa präsent. Diesen Eindruck teilen Fachpersonen, die – wie ich – Bauernfamilien in anspruchsvollen Situationen begleiten und beraten.

Dass ein landwirtschaftlicher Betrieb als selbstständig geführtes Familienunternehmen funktioniert, bedingt oft, dass die ganze Familie mithilft. Bauernfamilien haben gemeinsam viele Ressourcen, um Herausforderungen zu meistern. Doch wenn es auf dem Betrieb nicht rundläuft oder der Haussegen in der Familie schief hängt, kann das Leben auf engem Raum sehr belastend sein.

In Familienunternehmen sind die Bereiche «Arbeit», «Familie» und «Geld / Vermögen» eng verwoben.

Zusätzlicher Stress kann entstehen, wenn Arbeitsabläufe nicht optimiert werden oder wenn es aufgrund des Wetters zu Ertragseinbussen oder -ausfällen kommt. Wenn sich Belastungen kumulieren, können Bauernfamilien in Not geraten. Doch weil sie gewohnt sind, sich selbst zu helfen, wird Hilfe von aussen oft gar nicht oder erst sehr spät in Anspruch genommen.

Wie kommt die Hilfe zum Bauer?

In den letzten Jahren sind in der Schweiz, in Österreich und in Deutschland viele Organisationen und Initiativen entstanden, die Bäuerinnen und Bauern Unterstützung bieten bei der Bewältigung der vielfältigen Herausforderungen. Im deutschsprachen Raum begleiten viele Fachpersonen Menschen aus der Landwirtschaft, die beispielsweise überlastet sind, Beziehungs- oder Generationskonflikte erleben oder in persönlichen Sinnkrisen stecken. Gerade in Bauernfamilien ist es wichtig, rechtzeitig Hilfe zu holen, da Probleme sehr schnell komplex werden und die betriebliche Existenz gefährden. Dieser Thematik habe ich mich in meinen Forschungsarbeiten in den letzten Jahren intensiv gewidmet (→ Literaturempfehlung).

Im Rahmen der Recherche für dieses Buch habe ich Landwirte und Bäuerinnen in meinem Umfeld gefragt:

Was bedeutet es für dich, Bauer oder Bäuerin zu sein?

«Selbstständig zu arbeiten, mit Tieren und moderner Technik auf Feld und Hof, das bedeutet für mich, Bauer zu sein.»

«Landwirt zu sein ist mehr als nur ein Job. Das Leben passt sich dem Beruf an und nicht umgekehrt.»

«Für mich bedeutet die Landwirtschaft: Heimat, Familie, Lebensmittelproduktion, Viehzucht und Regionalität.»

Genannt wurden auch Attribute wie: «Verbundenheit mit der Schöpfung», «Verantwortungsvolle Nutzung der Natur», «Freude an der Arbeit», «kaum Freizeit» oder «viel Arbeit für wenig Geld». Landwirte und Bäuerinnen sind zwar ihr eigener «Chef», doch die natürlichen Rhythmen und das Wetter geben den Takt vor.

Wenig Freizeit scheint der Preis zu sein für die Selbstständigkeit in der Landwirtschaft.

Die meisten Landwirte und Bäuerinnen richten das eigene Leben nach der Arbeit aus. Das Leben in und mit der Natur gibt ihrem Leben einen tiefen **Sinn**. Der Hof ist auch ihre Heimat. Deshalb schmerzt viele Bauern und Bäuerinnen die Kritik an ihrem Handwerk. Oft wird von aussen «nur» eine bestimmte Praxis oder eine Arbeitsweise bemängelt. Verstanden wird dies von Bauerfamilien jedoch oft als Kritik am eigenen Leben.

Ein Bauernhof stiftet Sinn und Identität.

Die Agrarpolitik fördert und fordert die Steigerung der Wettbewerbsfähigkeit der Landwirtschaft. Die Landwirtschaft modernisiert sich so schnell wie andere Wirtschaftszweige auch. Der technische Fortschritt bringt für die landwirtschaftliche Produktion Erleichterung, doch er birgt auch gewisse Gefahren. Landwirtschaftsbetriebe müssen heute unternehmerisch geführt werden, um den Herausforderungen des Marktes zu genügen. Wem das Flair für die Betriebsführung nicht gegeben ist, der hat es schwer, ein existenzsicherndes Einkommen zu erwirtschaften.

Manche Bauern reizen die Grenzen der Intensivierung aus, weil so der Gewinn gesteigert werden kann. Andere Betriebsleitende setzen bewusst auf eine extensivere Produktion und generieren zum Beispiel über einen Hofladen als Betriebszweig das Haupteinkommen. Einigkeit besteht unter den Bauernfamilien darin, dass künftig neue Wege gefunden werden müssen, um umweltverträglich zu produzieren mit Erträgen, die kostendeckend sind.

Immer weniger Menschen haben direkt oder indirekt Kenntnisse über die bäuerliche Lebenswelt. Entsprechend angespannt ist vielerorts das Verhältnis zwischen Konsumenten und Produzenten. Nachfolgend möchte ich etwas näher darauf eingehen, weil auch *du* täglich landwirtschaftliche Erzeugnisse konsumierst und mit deinem Kaufverhalten das Angebot von morgen beeinflussen kannst.

Wünsche

«Ich bin ein Bauer – der härteste Teil meiner Arbeit ist es, freundlich zu Menschen zu sein, die denken, sie wüssten, wie ich meinen Job zu tun hätte.»

Netzfund

«Sich ernähren» bedeutet schon lange nicht mehr, nur satt zu werden. Dank der Globalisierung stehen uns Nahrungsmittel jederzeit zur Verfügung. Gleichzeitig lassen sich Konsumenten heute nicht mehr «nur» versorgen. Sie äussern ihre Vorstellungen von «guter Landwirtschaft» immer häufiger im politischen Raum.

Was darf sich aus deiner Sicht in der Landwirtschaft künftig ändern?

Überleg dir drei Aspekte, die dir spontan als Antwort einfallen.

Um ein Stimmungsbild zu erhalten, wie diese Frage in meinem Umfeld beantwortet wird, habe ich vor ein paar Wochen je 15 Menschen mit und ohne Verbindung zur Landwirtschaft befragt. Die

Hälfte der Befragten ohne bäuerlichen Hintergrund sagte, dass sie die Frage nicht beantworten könnte, weil ihnen der Bezug zur Landwirtschaft fehle. Dies überraschte mich, da sich aus meiner Sicht jeder Mensch täglich von landwirtschaftlichen Erzeugnissen ernährt. Einige äusserten sich dahingehend, dass mehr Transparenz in Bezug auf die Tierhaltung eine Chance wäre. Andere wünschten sich, dass es sich für Bauernfamilien finanziell mehr lohnen sollte, wenn sie den Hof umweltbewusster bewirtschafteten.

Diesem Wunsch schliessen sich Bäuerinnen und Landwirte an, die sich an meiner kleinen Umfrage beteiligt haben. Es ist für sie anspruchsvoll auszuhalten, dass sich gesellschaftliche Forderungen noch nicht in höheren Produktpreisen zeigen. Es wäre aus ihrer Sicht schön, wenn die ständige Verfügbarkeit frischer Lebensmittel als weniger selbstverständlich hingenommen würde. Und sie wünschen sich, dass auch die Bevölkerung achtsamer mit der Natur umgeht und weniger Abfall auf Wiesen und Feldern liegen bleibt.

Viele Bauernfamilien, die ich im Rahmen meiner beruflichen Tätigkeit begleite, sind sich sehr bewusst, dass in den kommenden Jahren Änderungen in der Produktionsweise nötig sind. Solche Wandlungsprozesse hat es in der Landwirtschaft allerdings schon immer gegeben. Bäuerliche Familien wünschen sich jedoch mehr **Vertrauen** der Gesellschaft, dass sie ihr Handwerk verstehen und nach bestem Wissen und Gewissen erledigen. Gleichzeitig haben verschiedene Akteure und Interessenkreise in der Landwirtschaft erkannt, dass sich die Kommunikation zwischen Bauernfamilien und Konsumenten und Konsumentinnen künftig verbessern muss.

«Viele Bauern unterschätzen die Gefahren der intensiven Landwirtschaft. Viele Konsumenten unterschätzen ihren Nutzen.»[42]

Wie kann es nun also zu einer Annäherung der unterschiedlichen Ansichten kommen?

Annäherung

«Sei selbst die Veränderung, die du in der Welt sehen willst.»

Mahatma Gandhi (1869–1948), indischer Rechtsanwalt

In den letzten Jahren beobachtete ich, dass sich Menschen ohne bäuerlichen Bezug, zum Beispiel aus dem Sozialwesen oder dem Management, bewusst einen Sommer als «Hirt» auf einer Alp betätigen oder einer Bauernfamilie bei der Ernte helfen. Die Motivation dafür ist oft die Sehnsucht nach einer persönlichen Auszeit vom gewohnten Lebens- und Arbeitsumfeld oder das Bedürfnis, einmal von «Hand» zu arbeiten und dabei die Natur *fühlbar* zu erleben.

In der Schweiz betreiben verschiedene Organisationen Plattformen, damit Bauernfamilien, die Unterstützung brauchen, rasch eine helfende Hand finden. Auch Schulen finden online landwirtschaftliche Betriebe, die sich als «Klassenzimmer» zur Verfügung stellen, um Kindern aktives Lernen auf dem Feld und bei den Tieren zu ermöglichen.

Wie wäre das Verhältnis zwischen der Stadt- und der Landbevölkerung, wenn mehr Menschen eine Zeit lang auf einem Bauernhof mithelfen würden?

Gut möglich, dass dadurch das gegenseitige Verständnis füreinander ausgeprägter wäre. Diese Erfahrung machten jedenfalls Florian Klenk, Chefredaktor einer Wiener Tageszeitung, und ein Bauer, mit dem er sich öffentlich zankte. Der «streitlustige» Bauer bot dem «ahnungslosen» Städter kurzerhand ein Praktikum auf seinem Bauernhof an. Klenk konnte das Angebot nicht ausschlagen und so kamen die beiden ins Gespräch: über Klimawandel, Fleischindustrie, Agrarpolitik und Banken. Der ungeplante «Landdienst» berührte Klenk so sehr, dass er ein Buch[43] darüber schrieb, weshalb es sich lohnt, mit Leuten zu reden, deren Meinung man nicht teilt.

«Aus Wut kann Freundschaft werden.»

Die Faust im Sack zu machen, bringt aus meiner Sicht niemandem etwas und kostet unnötig Energie. Klenk und mir gibt auch zu denken, dass die industrialisierte Landwirtschaft nicht nur die Böden und die Natur zerstört, sondern auch Bauernfamilien und die Gemeinschaft gefährdet:

«Wenn die Bauern verschwinden, verschwinden ganze Dörfer und Kulturregionen.»

Landwirte sind auch **Gestalter** der Landschaft. Ohne Landwirtschaft wären weite Teile der Schweiz wohl vollständig bewaldet. Schonend genutzte Wiesen bieten charakteristischen Tier- und Pflanzenarten wie Vögeln, Bienen oder Kräutern den passenden Lebensraum. Unberührte Landschaften, wie der Schweizerische Nationalpark im Engadin, sind sehr selten. Selbst vermeintlich besondere Lebensräume, wie das geschützte Hochmoor Rothenthurm (zwischen dem Zürich- und Lauerzersee) oder die Grande Cariçae am Ufer des Neuenburgersees sind **Kulturlandschaften**.

Sich besser zu verstehen, schafft gegenseitiges Vertrauen. Auf dieser Basis sind alle Beteiligten eher bereit, die Landwirtschaft der neuen Zeit gemeinsam zu gestalten. Leider wird die Land- und Ernährungswirtschaft in den Medien oft nicht differenziert und mit der notwendigen Sachkompetenz dargestellt. So entstehen in der breiten Bevölkerung falsche Vorstellungen über die Landwirtschaft. Vielen Leuten ist beispielsweise nicht bewusst, dass auch die meisten biologischen Fungizide, Insektizide oder Düngemittel mit einer Feldspritze ausgebracht werden müssen.[44] Zudem ist eine Kuh im Laufstall nicht per se besser «glücklicher» als im Anbindestall, da ihr Wohlbefinden von vielen Faktoren beeinflusst wird, wie der Fütterung und nicht zuletzt der Art und Weise, wie liebevoll die Menschen mit ihr umgehen. Nachfolgend möchte ich dir ein paar zukunftsweisende Ansätze vorstellen, die von und mit der Landwirtschaft schon umgesetzt werden (ohne Anspruch auf Vollständigkeit).

Neue Ansätze

«Wer isst, ist unmittelbar mit der Landwirtschaft verbunden.»
Wendell Berry, Schriftsteller und Farmer

Gehörst du zu den Menschen, die regelmässig barfuss laufen?
Wenn ja, bist du dir der positiven Wirkung auf die Gesundheit bewusst, wenn unsere nackten Füsse Kontakt mit dem Boden haben. Andernfalls lade ich dich ein, einmal auszuprobieren, was das Laufen ohne Schuhe in dir auslöst.

Ob du nun an die positive Wirkung von «Waldbaden» oder das «Erden» durch Barfusslaufen glaubst oder nicht: Die wenigsten Leute sind sich bewusst, dass der Boden nicht nur für die Nahrungsmittelproduktion zentral ist, sondern auch für reines Trinkwasser und saubere Luft. Aber um 10 Zentimeter fruchtbare Erde zu bilden, braucht unser Planet mehr als 2'000 Jahre. Und dennoch nutzen wir unsere Böden, als wären sie unerschöpflich. Auch die Welternährungsorganisation FAO geht davon aus, dass wir nur noch genügend Boden für 60 Ernten hätten.[45]

Im Dokumentarfilm «Unser Boden, unser Erbe» sind sich Landwirte und Experten einig, dass wir heute damit anfangen müssen, die Böden so zu bewirtschaften, dass sie parallel mit dem sich verändernden Klima besser und stabiler werden.

> «Wenn der Boden gesund ist, kann auch der Mensch
> gesund werden.»[46]

Im Lebensbereich «Gesundheit» weiter oben habe ich bereits erläutert, weshalb die vitalstoffreiche Ernährung aus meiner Sicht basal ist für dein Wohlbefinden. Doch Nahrungsmittel sind nur so gesund wie der Boden, auf dem sie kultiviert werden.

Diesem Aspekt wird in der «regenerativen» Landwirtschaft, die in den letzten Jahren vor allem in den USA wieder populärer wurde, besondere Beachtung geschenkt. Interessengemeinschaften setzen sich mittlerweile auch in der Schweiz dafür ein[47], dass die Landwirtschaft gesündere Nahrungsmittel produziert, indem der Boden «klug» bewirtschaftet wird, zum Beispiel durch «immergrüne Felder» oder die Ergänzung von Ackerflächen mit Sträuchern und Bäumen. So kann gleichzeitig die Vielfalt der Flora und Fauna gefördert werden. Zudem zielt die **regenerative Landwirtschaft** darauf ab, Nutztiere im Freiland zu halten, mit dem positiven Nebeneffekt, dass zum Beispiel Schweine den Boden «pflügen» und dabei tiefliegende Samen von Unkräutern, wie «Blacken»[48], fressen.

Die Bodenfruchtbarkeit liegt in unserer Verantwortung.

Ist dir bewusst, wie viel Plastik du kaufst und verbrauchst?

Hast du einmal geprüft, wie viel «Chemie» du in deinem Haushalt nutzt oder sogar auf deine Haut oder deine Haare lässt?

Obwohl ich auf einem Bauernhof aufwuchs, habe ich ehrlich gesagt einige Jahre unreflektiert Putzmittel gekauft, und in meinem Einkaufskorb landeten auch einige importierte Nahrungsmittel. Bei der Produktauswahl entschied ich mich oft schlicht für das günstigere Produkt.

Kennst du das auch?

Viele Menschen fragen sich nicht, welche Auswirkungen das eigene Konsumverhalten mittel- und langfristig auf die eigene Gesundheit, die Umwelt und unsere Gemeinschaft hat. In der Schule werden wir diesbezüglich oft zu wenig sensibilisiert und in der Werbung wird auf «Nebenwirkungen» meist nur in Bezug auf Medikamente verwiesen. Heute kaufe ich *bewusst* regionale Produkte. Am liebsten auf dem Gemüsemarkt oder direkt bei Bauernfamilien. Und ich habe auch das Glück, dass in unserer Familie eigene Gärten bepflanzt werden, deren «Früchte» auch mir zuteilwerden.

Die Karotte aus dem eigenen Garten schmeckt am besten.

Der «Gemeinschaftsgarten» hat in den letzten Jahren auch in den Städten eine Renaissance erlebt. Vielerorts sind genossenschaftliche Zusammenarbeitsformen entstanden, die zum Allgemeinwissen über die Produktion von Lebensmitteln beitragen. Die sogenannte «**Solidarische Landwirtschaft**» basiert auf der direkten Zusammenarbeit von Bauernfamilien und Konsumentinnen und Konsumenten. Sie ist geprägt von Selbstbestimmung und einer nachhaltigen Landwirtschaft unter Berücksichtigung von ökologischen Kreisläufen.[49]

Auch die **regionale Vertragslandwirtschaft** ist Ausdruck einer «neuen» Form der Nahrungsmittelversorgung.[50] Bewusstes Konsumverhalten, kurze Transportwege und kein Zwischenhandel sind einige Ziele, die mit diesem Ansatz verfolgt werden. Es gibt vielfältige Angebote, von denen Konsumentinnen und Konsumenten profitieren können, wie Abos mit saisonalem Obst und Gemüse.

Viele Menschen verstehen allerdings noch nicht, weshalb sie online oder vor Ort auf dem Bauernhof für ein und dasselbe Lebensmittel mehr bezahlen sollten als im Supermarkt. Im Direktverkauf bildet der Preis jenen Wert ab, den der Produzent als «fair» erachtet in Anbetracht der eigenen Produktionskosten und -bedingungen. Im Preis eingerechnet ist auch der zusätzliche Zeitaufwand, welcher für die Direktvermarktung anfällt. Deshalb kann es sein, dass ein Produkt – auch ohne Marge des Zwischenhandels – beim Bauer gleich viel oder mehr kostet als im Laden. Damit wird umso deutlicher, dass die Preise für Lebensmittel im Grosshandel weit unter einem fairen Ausgleich gegenüber den Bauernfamilien liegen. Und das führt wiederum dazu, dass mehr produziert werden muss, um genügend Erlös aus den produzierten Lebensmitteln zu erzielen.

Vielleicht hast du Lust, einmal neue Wege zu gehen in der Art und Weise, wie du dich mit Lebensmitteln versorgst?

In den **Hofladen** zu gehen, kostet dich vermutlich etwas mehr Zeit und Geld, als im Supermarkt einzukaufen. Doch deine Wertschätzung gegenüber der lokalen Landwirtschaft und das persönliche Gespräch mit der Bäuerin oder dem Bauern sind ein **Mehrwert**, der in der heutigen Zeit nicht «käuflich» ist.

Lebendiger Dialog

«Die höchste Form der Kommunikation ist der Dialog.»

August Everding (1928–1999), Regisseur / Kulturpolitiker

Heute leben in der Schweiz, Deutschland und Österreich knapp 3 % der Bevölkerung von der Landwirtschaft. Bauernfamilien sind in komplexe Markt- und Agrarsysteme eingebunden, die für Laien nur schwer überblickbar sind. In der Schweizer Agrarpolitik gibt es ökonomische Anreize, die sowohl auf eine intensive als auch auf eine extensive Produktion abzielen. Welchen Weg eine Bauernfamilie geht, hängt von betrieblichen, familiären und persönlichen Faktoren ab. So oder so ist die jährliche Optimierung von Direktzahlungen in der Schweiz heute ein wichtiger Bestandteil, um das Einkommen zu sichern. Die Auswahl der direktzahlungsberechtigten Programme, die es in der Tierhaltung und dem Acker- und Futterbau gibt, ist das eine. Die Herausforderung, die Auflagen der Programme auf Betriebsebene umzusetzen, ist das andere. Entsprechend umfangreich sind die landwirtschaftlichen Kontrollen, welche in der Schweiz unabhängige Organisationen auf den Landwirtschaftsbetrieben durchführen. Der Anspruch, dass sämtliche in den Direktzahlungsprogrammen formulierten Anforderungen jederzeit und unangemeldet kontrolliert werden können, und die Tatsache, dass jedes fehlende Dokument und jeder auf dem Betrieb festgestellte Mangel Kürzungen der Direktzahlungen zur Folge haben kann, setzt die Bauernfamilien unter Druck.

Das Lebensmittelsortiment, das wir in den Läden aktuell vorfinden, ist der Spiegel der herrschenden Nachfrage, oft jenseits von Saisonalität. Zudem sind viele Konsumenten und Konsumentinnen aktuell nicht bereit oder nicht in der Lage, mehr für Produkte auszugeben, die aus einer extensiveren Produktion stammen oder bestimmte «Label-Auflagen» erfüllen.[51]

> Bauernfamilien können nicht am Markt vorbei produzieren.

Die Bevölkerung kann mit ihrem **Kaufverhalten** die Landwirtschaft, welche ihren Idealvorstellungen am besten entspricht, unterstützen. Viele Landwirte sind bereit, weniger intensiv zu produzieren, wenn der Konsument das teurere Produkt im Inland kauft und nicht auf billigere Importgüter ausweicht. Wer *bewusst* einheimisch produzierte Lebensmittel kauft, hat die Gewissheit, dass diese saisonal und somit nachhaltig sind. Die Bereitschaft für die gegenseitige **Loyalität** entsteht aus meiner Sicht durch einen «lebendigen» Dialog zwischen Konsumentinnen und Konsumenten sowie den Bauernfamilien.

> «Beginn dich für Bauernfamilien in deinem Umfeld zu interessieren.»

Ich lade dich ein, bäuerlichen Familien in deiner Nachbarschaft mit Offenheit zu begegnen. Vielleicht läufst du gelegentlich einer Bäuerin oder einem Bauern über den Weg. Nutze die Gelegenheit, Themen anzusprechen, die in dir Fragezeichen auslösen.

Du hast vielleicht beobachtet, dass die Kälber direkt nach der Geburt von der Kuh getrennt werden, und fragst dich, weshalb das so gemacht wird?

Oder du siehst, dass der Bauer seine Felder «chemisch» behandelt, und fragst dich, weshalb das nötig ist?

Erlaube dir, «unwissend» nachzufragen. Antworten erhält nur, wer fragt. Bauernfamilien geben gerne Auskunft, wenn sich Menschen ehrlich für die Art und Weise, wie sie Landwirtschaft betreiben, interessieren.

In diesem Buch hast du gelernt, in einer Sprache zu sprechen, die auf das Gegenüber nicht als Angriff wirkt, sondern dein Interesse an einem ehrlichen Austausch signalisiert (→ Schritt 5). Nutze auch die Landwirtschaft als Übungsfeld und vielleicht als Möglichkeit, um neue Kontakte zu knüpfen. Ein Freund von mir hat einmal gesagt:

> «Bauern haben viel Herz, zeigen es aber nicht so. Und wenn sie dich ins Herz geschlossen haben, sind es deine Freunde fürs Leben.»

Falls du selbst einen landwirtschaftlichen Betrieb führst oder in der Landwirtschaft tätig bist, lade ich dich ein, Menschen ohne bäuerlichen Bezug unvoreingenommen zu begegnen. Auch du bist gefordert, wieder mehr ins Gespräch mit Leuten zu kommen, denen du vielleicht fehlende Wertschätzung für deinen Dienst am Gemeinwohl unterstellst. Ich habe die Erfahrung gemacht, dass es sich lohnt nachzufragen, wenn sich jemand negativ zur Landwirtschaft äussert. Diese Fragen bewähren sich vielleicht auch für dich:

Wie kommt es dazu, dass du dieser Auffassung bist? Was wäre dir stattdessen lieber? Wie würdest du es machen? Was verstehst du unter «XY»?

> Begegne Menschen mit offenem Herzen, egal woher sie kommen.

Menschen hören sich zu, wenn sie miteinander in einem wertschätzenden Ton sprechen. Dieses Prinzip gilt nicht nur im familiären und beruflichen Rahmen, sondern auch im gesellschaftlichen Kontext. Ich wünsche mir, dass ehrliche «Zwiegespräche» zwischen Menschen mit und ohne bäuerlichem Hintergrund mehr gepflegt werden.

> Lasst uns jetzt den Samen für die gegenseitige Offenheit pflanzen, damit die Landwirtschaft der neuen Zeit wachsen kann.

Vermehrt eröffnen sich für Bauernfamilien neue Möglichkeiten, ihre Betriebe selbstbestimmt und zukunftsorientiert weiterzuentwickeln. Sie sind nicht bloss Teil des «Problems», sondern wirken bei nachhaltigen Lösungen zu Gunsten der Gesellschaft mit. In der Land-, Forst- oder Lebensmittelwirtschaft werden heute auf unterschiedlichen Stufen Fachleute ausgebildet, die an der Lösung der kommenden gesellschaftlichen Herausforderungen arbeiten.

Viele von uns erleben die aktuelle Zeit gerade als besonders anspruchsvoll. Umso schöner ist es, Menschen im Umfeld zu haben, die noch wissen, wie das ursprüngliche, traditionelle Leben funktioniert.

> Bauernfamilien erinnern uns durch ihr Schaffen daran, dass auch wir mit der Natur verbunden sind.

Verbundenheit ist eine Qualität, die uns persönlich, unsere Familie und unserer Gemeinschaft stärkt. Nachfolgend gehe ich deshalb darauf ein, wie wir als Gemeinschaft in **Verbundenheit** wachsen können.

Geheimnis 3: Verbundenheit

Wie kann einer von uns glücklich sein, wenn der andere unglücklich ist?

In Südafrika lautet die Antwort auf diese Frage: «Ubuntu.» Gemeint ist damit eine Haltung, deren sinngemässe Übersetzung lautet:

> «Ich bin, weil wir sind.»

Die Lebensphilosophie «Ubuntu» wurde über Jahrhunderte in Form von Geschichten, Sprichwörtern und Liedern überliefert. Sie ist das Bekenntnis zu gemeinsamen Werten wie **Respekt**, **Vertrauen** und **Empathie**. «Ubuntu» erinnert uns daran, dass wir alle dazu beitragen können, ein harmonisches Miteinander zu gestalten.

Was trennt Menschen vom «Wir-Gefühl»?

Wir haben in der Familie, in der Schule und im beruflichen Umfeld gelernt, uns mit anderen zu messen. Durch Neid und Konkurrenzdenken verlieren wir jedoch die Verbindung zueinander. In Zeiten des gesellschaftlichen Wandels gibt es immer verschiedene Gruppierungen: 1) Jene, die *dafür* sind, 2) jene, die *dagegen* sind, und 3) jene, die *wegschauen*.

In welcher Gruppe findest du dich aktuell wieder?

Eine spannende Frage, die der Bewusstseinsforscher Marko Lorenz in einem Video vor kurzem in den Raum gestellt hat. Die Lösung ist aus seiner Sicht simpel:

> «Bleibe Beobachterin oder Beobachter des Geschehens.»

Das klingt einfach und ist in der Umsetzung doch so herausfordernd. In Teil 1 und 2 dieses Buches findest du viele Bespiele, die dir helfen, mehr und mehr zu beobachten, welche Gedanken und

Gefühle eine anspruchsvolle Situation in dir auslösen, um zu entscheiden, wie du damit umgehen möchtest. Je mehr Verantwortung wir für unsere Gefühle und Gedanken übernehmen, desto weniger Verantwortung wird uns von aussen abgenommen.

Jeder hat seine Beweggründe, etwas zu tun oder zu lassen. Entscheidend ist, welches Urteil wir uns darüber bilden. Jedes «Thema», das uns begegnet, ist schlussendlich eine Möglichkeit, mehr Mitgefühl und Verständnis gegenüber uns selbst oder anderen zu zeigen. Und wenn ich mich oder andere nicht mehr ändern möchte, entsteht Raum für Menschlichkeit.

Um Frieden im Herzen zu *fühlen*, müssen wir manchmal «nur» davon ablassen, am «Unfrieden» festzuhalten. Nelson Mandela hat als Friedensnobelträger und erster dunkelhäutiger Präsident von Südamerika vorgelebt, wie das geht:

> «Um mit einem Gegner Frieden zu schliessen, muss man mit ihm zusammenarbeiten.»

Mit der Haltung «Ubuntu» gelingt es uns, bei Uneinigkeit auf das zu blicken, was uns verbindet. So ist es möglich, statt eines Kompromisses einen tragfähigen Konsens zu finden.

Besonders in anspruchsvollen Zeiten ist es wichtig, sich mit Menschen zu vernetzen, die auch auf ihrem Herzensweg sind. Jeder hat Fähigkeiten und Talente, die geteilt oder getauscht werden können, unabhängig von Wirtschaftssystemen.

Durch **Vernetzung** entsteht Mehrwert für die Gemeinschaft. Die Bündelung von Kräften ermöglicht es, sinnvolle Veränderungen in gesellschaftlichen Systemen wie Bildung, Gesundheit oder Landwirtschaft anzustossen.

Die stärkste Kraft für die Brücke zum WIR ist die **Liebe**. Sie entsteht, wenn sich Herzen auf dem gemeinsamen Weg verbinden.

Was du mitnehmen kannst:

Zum Mitnehmen

Für die Brücke zum WIR

Halte dich regelmässig in der Natur auf, um zur Ruhe zu kommen und Kraft zu tanken.

Sorge dafür, dass dein Lebensstil nachhaltiger wird: Reduziere die «Chemie» in deinem Haushalt und nutze Pflegeprodukte ohne bedenkliche Zusatzstoffe.

Mach dir bewusst, dass dein Konsumverhalten deine Gesundheit, die Umwelt und unsere Gemeinschaft beeinflusst.

Beginne Lebensmittel bewusster einzukaufen unter Berücksichtigung von Lokalität und Saisonalität.

Interessiere dich für die Art und Weise, wie Bauernfamilien in deinem Umfeld Landwirtschaft betreiben.

Wenn sich Menschen kritisch zur Landwirtschaft äussern, frage nach den Motiven.

Kommentiere Meinungen von anderen nicht mit deiner Ansicht. Nutze stattdessen die Möglichkeit, Menschen mehr Mitgefühl und Verständnis entgegenzubringen.

Erinnere dich an die Weisheit von «Ubuntu»: «Ich bin, weil wir sind.»

Vernetze dich mit Menschen, die auch auf ihrem Herzensweg sind, um sinnvolle Veränderungen anzustossen. So entsteht ein Mehrwert für die Gemeinschaft.

Résumé: Erblühen

«Was dir heute noch anstrengend erscheint, ist in Wirklichkeit deine Ausbildung. Erwachen bedeutet, das Leben zu geniessen und zu feiern!»
Equiano Intensio, Spiritueller Lehrer

Die Natur bringt uns in Kontakt mit der eigenen Natur. Sie lehrt uns, dass alles miteinander vernetzt ist.

Was im Aussen tobt, ist auch in uns lebendig.

Das was in unserem Leben gerade passiert, ist oft der Spiegel, in dem wir erkennen, ob wir mit dem Herzen verbunden sind oder uns in negativen Bewertungen oder Erwartungen verfangen haben. Wenn wir unsere «innere Arbeit» machen und damit zuerst vor der eigenen Türe «kehren», übernehmen wir Verantwortung für unser Leben. Gleichzeitig erleben wir mehr Selbstliebe. Anspruchsvolle Situationen sind dazu da, dass wir uns bewusst werden:

Innerer Friede ist nicht abhängig von äusseren Umständen.

Ängste und Zweifel kommen häufig dann auf, wenn in unserem Leben eine ehrliche Entscheidung ansteht. Wenn wir unsere Gefühle *fühlen*, resultiert Klarheit, und wir können den Mut fassen, um notwenige Anpassungen vorzunehmen. Wir können mit dem Verstand das «innere Klima» auf dem Radar behalten, während unser Herz die Navigation übernimmt.

Friede im Kopf und ein offenes Herz lassen uns erblühen.

Mit vielen Situationen, die dich herausfordern oder belasten, kannst du mit den Tipps aus diesem Buch einen sinnvollen Umgang finden. Wenn du dir Fragen stellst, öffnen sich deine Sinne, um Antworten zu empfangen. Und vielleicht antwortet dir das Leben im nächsten Moment. Wenn du nicht weiterkommst, kannst du auch eine Person deines Vertrauens um einen Hinweis bitten. Jeder Mensch hat «blinde Flecken», die wir am schnellsten im Austausch mit anderen erkennen. Deshalb lassen sich erfolgreiche Persönlichkeiten regelmässig coachen und haben Mentoren als Begleiter an ihrer Seite.

Ich weiss nicht, was ich noch nicht weiss.

Das eigene Ego zu durchschauen, braucht Begleitung. Aus eigener Erfahrung kann ich sagen, dass der Widerstand gegen etwas am grössten ist, kurz bevor ein Muster aus dem Unterbewusstsein ins Bewusstsein aufsteigt.

Es ist gut zu wissen, dass wir auf unserem Weg nicht allein sind. Als Wegbegleiter können uns sowohl Menschen als auch Pflanzen und Tiere dabei helfen, *bewusst* zu entscheiden, welchen Schritt wir als nächstes gehen möchten. Wichtig ist nur, den Samen in die Erde zu bringen. Zögere nicht, dir Hilfe zu holen, wenn du fühlst, dass es nötig ist.

Die Samen werden in intensiven Lebensphasen gesät, die Ernte erfolgt später.

Es gibt mittlerweile viele Kurse und Seminare, die Menschen wieder mehr in Kontakt mit der inneren Natur bringen. Zeit und Geld in die persönliche Entwicklung zu investieren, ist klug und zahlt sich früher oder später aus. Besonders wertvoll sind Retreats vor Ort mit einer gewissen Dauer, da Menschen einige Zeit brauchen, um den «Schleier» des Alltags abzulegen.

Verbunden mit dem Herzen können wir nach und nach erkennen, welche Denk- und Verhaltensmuster dazu führen, dass wir uns *unbewusst* eine leidvolle Realität schaffen. **Selbstliebe** kultivieren wir auf unserem Herzensweg, während wir uns mehr und mehr entfalten und unsere Berufung leben.

Die Welt braucht deine einzigartigen Gaben: Entfalte sie.

Wenn du die Inspirationen aus diesem Buch umsetzt, stärkst du die Brücke zu deinem Herzen und von deinem Herz zu anderen Herzen. Deine Familie ist dafür da, authentische Liebe zu leben.

Wenn ich für andere sorge, kümmert sich das Leben auch um mich.

Der Sturm im Aussen legt sich, wenn wir unsere Gefühle *fühlen*. Der Wandel des gesellschaftlichen Klimas beginnt in uns. Wenn jeder bereit ist, das eigene Leben nachhaltiger zu gestalten, verändert sich die Erde automatisch. Dann beginnen sich immer mehr Menschen zu vernetzen, um die Welt von morgen gemeinsam zu denken.

Das WIR erblüht im «sowohl – als auch» statt im «entweder – oder».

Wenn wir erfahren, dass wir Schmerz im eigenen Herzen heilen können, entwickeln wir auch mehr **Nächstenliebe**. Wir können *erblühen*, wenn wir unsere Gaben an das Leben zurückschenken. Herzzentrierte Menschen richten ihre Interessen darauf, dass die Erde in Balance bleibt als Grundlage für das Erblühen aller.

«Setze dich *für* das ein, was dir dein Herz sagt. Lass *weg*, was dagegenspricht.»

Die Rückverbindung mit der **Natur** in dir und deiner Umgebung ist das erste Geheimnis. Die Beobachtung des ursprünglichen Lebens von **Bauernfamilien**, die nach bestem Wissen und Gewissen mit der Natur zusammenarbeiten, ist das zweite Geheimnis. Das dritte Geheimnis ist, dass die Liebe, die du in dir kultivierst und im wertschätzenden Austausch mit Menschen weitergibst, **Verbundenheit** schafft. Mit diesem Wissen kannst du die Brücke zum WIR immer wieder neu erschaffen.

Je mehr Menschen auf dem Herzensweg ihre innere Natur *fühlen* und auch im Aussen *leben*, desto organischer wird unsere Gemeinschaft wachsen. So wirst du Brücken-BauerIn in deinem Leben und trägst zu einer schönen Welt für alle bei. Mehr **Lebensqualität** für dich, deine Familie und die Gemeinschaft ist die Frucht deiner Ernte.

Nachwort

«Die Sonne scheint für dich, deinethalben, und wenn sie müde wird, fängt der Mond an, und dann werden die Sterne angezündet.»

Søren Kierkegaard, Dänischer Philosoph

Gibt es etwas Lichtvolleres als die Dunkelheit selbst?

Das Leben antwortet:

«Die Sonne und der Schatten sind zwei Seiten derselben Münze.»

Unsere gemeinsame Reise neigt sich dem Ende zu. Lass uns kurz innehalten und zurückblicken.

Du hast es gewagt, DIR in 7 Schritten ehrlich zu begegnen. Der Lohn dafür ist eine tragfähige Brücke zwischen deinem **Kopf** und deinem **Herz**. Du hast gelernt, wie du deine Gedanken beobachten und Zugang zu deinen Gefühlen findest. Es ist dir nun möglich, liebevoller mit dir selbst und deinem Umfeld zu sprechen. Du fühlst deinen wahren Wert und bist bereit, deine Wahrheit auszusprechen. Du kannst klar «Nein» sagen zu Dingen, die dir unmenschlich oder unnatürlich erscheinen, ohne dabei die Verbindung zu deinem Herzen zu verlieren. Und falls dir auf deinem Weg Kritik begegnet, weisst du nun, wie du konstruktiv damit umgehen kannst. Du gehst jetzt *bewusster* durchs Leben und nutzt Kraftquellen wie die Dankbarkeit oder das Sein in der Natur. So kannst du in anspruchsvollen Zeiten in dir ruhen, auch wenn ein rauer Wind weht.

Wenn du den Frieden in dir fühlst, kannst du mit jeder Situation friedvoll umgehen.

Jetzt ist es wichtig, dass du die 7 Schritte in deinen Alltag integrierst und dir täglich Raum für die «innere Arbeit» nimmst. So kannst du die Brücke in dein LEBEN schlagen. Du hast gelernt, wie du deine

Lebensqualität in den 7 Lebensbereichen «Gesundheit», «Familie», «Beziehungen», «Berufung», «Wohnen», «Geld» und «Freizeit» steigern kannst. Du bist nun weiterhin gefordert zu *fühlen*, wenn dir dein Körper oder dein Herz signalisieren, dass etwas in deinem Leben nicht in **Balance** ist. Mit dem Wissen aus Teil 2 dieses Buches kannst du dich in Bezug auf dein Leben laufend fragen:

Was fehlt? Was ist zu wenig? Was ist zu viel?
Was ist nicht in Balance?

Es ist an dir, die **Verantwortung** für dein Leben zu übernehmen und Dinge umzusetzen, die dein inneres Gleichgewicht stärken. Wenn du «Ja» sagst zu diesem stetigen Lernprozess, wird dein Leben leichter, weil du nicht mehr erwartest, dass *es* – das Ungemütliche, das Schmerzhafte oder das Traurige – von selbst aufhört.

Gut für dich zu sorgen, ist ein Akt der **Selbstliebe.** Nur so kannst du auch liebevoll da sein für jene Menschen, die dir am nächsten stehen.

Widme dich deinem Herzen und sag «Ja» zu deinem Leben. Du wirst belohnt mit mehr Lebensqualität für dich und deine Familie.

Dass es möglich sein muss, Lebensqualität und Harmonie in einer Bauernfamilie zu erleben, auch in anspruchsvollen Zeiten, habe ich bereits als Kind *gefühlt*. Sowohl die schönen als auch die herausfordernden Seiten der bäuerlichen Lebenswelt prägten meine Kindheit. Doch erst viel später wurde mir klar, weshalb mich das Leben genau in diesem Milieu aufwachsen liess: Damit ich lerne, der Stimme meines Herzens vertrauensvoll zu folgen und selbst zu einem liebevollen Umgang in der Familie beizutragen. Und ich habe erkannt, dass es auch meine Aufgabe ist, fortwährend Brücken zu bauen, zwischen verschiedenen Lebenswelten, damit sich Menschen unvoreingenommen zuhören und mit offenem Herzen begegnen können.

In dritten Teil dieses Buches habe ich dir 3 Geheimnisse verraten, wie auch du zur **Brücken-BauerIn** in deinem Umfeld wirst, damit gegenseitiges Verständnis und das Gefühl von Verbundenheit gedeihen können. Du hast gelernt zu beobachten, in welchen Situationen du *für* oder *gegen* etwas bist. In Verbindung mit deinem Herzen kannst du stets wählen, ob du dich konstruktiv für die Gemeinschaft einbringen möchtest.

Was von Herzen kommt, muss nicht laut sein.

Wenn du ehrlich auf deinem Herzensweg gehst und deiner Berufung folgst, wirst du **Liebe** ausstrahlen. So trägst du auch in «Stille» dazu bei, dass sich Menschen in deinem Umfeld wohl fühlen und die Stimme des eigenen Herzens (wieder) hören.

Seit ich mich dazu entschieden habe, meinem Herzen bedingungslos zu vertrauen, ist mein Leben nicht einfacher – doch *ehrlicher*, *herzlicher* und *natürlicher*. Die eigenen Gedanken zu beobachten, bereit zu sein, alle Gefühle zu fühlen und nicht anzukämpfen gegen das Leben, ist auch für mich ein ständiges Übungsfeld. Doch zum Glück steckt in jedem Schmerz auch der «Scherz», weil das Leben Humor hat! *Es* will nur das Beste für uns, nämlich das, was unserer **Entfaltung** am meisten dient.

Das Gedicht «Wagnis» von Lothar Zenetti hat uns durch die drei Teile dieses Buches begleitet. Es soll dich auch weiterhin daran erinnern, dass die Münze in deiner Hand immer zwei Seiten hat und viele Dinge im Leben gleichzeitig möglich sind:

Du kannst Angst haben und den Mut, *es* trotzdem zu tun. Du kannst freundlich sein und Grenzen setzen. Du kannst stark sein und nach Hilfe fragen. Du kannst lernen und verlernen. Du kannst Fehler machen und bist trotzdem wertvoll.

Danke, dass du mir deine Zeit geschenkt hast! Es war mir eine Ehre, dich zu begleiten.

Nutze deinen exklusiven Bonus, um die 7 Schritte weiter zu vertiefen und dein **Wohlbefinden** in deinen Lebensbereichen zu steigern.

Wenn du weiterhin von mir lesen möchtest, abonniere den «**Impulsletter**» auf meiner Website: www.sonjaimoberdorf.com

Ich freue mich, wenn du auf «Amazon.de» eine ehrliche Rezension (Bewertung) zum Buch abgibst oder mir dein Feedback per Mail mitteilst. Ich bitte dich, das Buch an Menschen weiterzuempfehlen, die von den Inspirationen profitieren könnten. So hilfst du mir, meine Vision in die Welt zu tragen:

> Mehr Lebensqualität für alle ist möglich, wenn jeder bereit ist, dafür sein Bestes zu geben.

Ich lasse dich nun weitergehen auf deinem Herzensweg und freue mich für dich, dass du dein Naturell immer mehr lebst.

> Möge dir dein Herz helfen, alles, was dich ausmacht, zu lieben. Und möge dich das Leben daran erinnern, dass du sowohl das Licht als auch die Dunkelheit brauchst, um dich zu entfalten und in der Gemeinschaft zu erblühen.

In Liebe und Dankbarkeit,

von Herz zu Herz.

Deine Brücken-Bauerin

Mein Geschenk für dich

Lass dich überraschen!

Deinen exklusiven Bonus zum Buch erhältst du hier:

https://sonjaimoberdorf.com/bonus

Über die Autorin

Sonja Imoberdorf ist Ingenieur Agronomin FH, Sozialarbeiterin MSc FH
und Coach für Ganzheitliche Selbsterkenntnis. Sie ist Expertin für soziale
Fragen im bäuerlich-ländlichen Umfeld. Sie begleitet Menschen *ehrlich*,
herzlich und *natürlich* auf ihrem Weg
zu mehr Freude und Leichtigkeit im
Leben.

Geboren 1981 und aufgewachsen in einer Bauernfamilie, befasst
sich Sonja Imoberdorf seit ihrer Kindheit mit Themen rund um die
Bewältigung von persönlichen und familiären Herausforderungen
sowie der nachhaltigen Steigerung von Gesundheit und Lebensqualität.

Sonja Imoberdorf absolvierte eine Ausbildung zur Landwirtin und
studierte an der Hochschule für Agrar-, Forst- und Lebensmittel-
wissenschaften. Anschliessend war sie als landwirtschaftliche Be-
raterin und Lehrerin in der Schweiz tätig.

An der Berner Fachhochschule (BFH) absolvierte sie später ein Ba-
chelor- und Masterstudium in Sozialer Arbeit. Dank weiterer beruflichen Stationen in der Sozialforschung und der gesetzlichen Sozialarbeit verfügt sie heute über einen umfassenden Erfahrungs-
schatz in Bezug auf soziale Fragen und die Gestaltung von sinnvollen Hilfsprozessen.

Sonja Imoberdorf ist Autorin und verfasst Beiträge für Fachzeit-
schriften der Landwirtschaft und der Sozialen Arbeit. Sie hat das
Netzwerk Berner Oberland und eine Fachstelle für ländliche Fami-
lienberatung ins Leben gerufen.

Im Jahr 2017 gründete sie ihr Unternehmen «brücken-bauerin.ch». Sie unterstützt Bauernfamilien in anspruchsvollen Situationen durch ganzheitliche Begleitung dabei, ihre Lebensqualität messbar zu steigern – so dass sie ihr Familienleben harmonischer und die Betriebsführung erfolgreicher gestalten können.

Sonja Imoberdorf begleitet mit Vorliebe Menschen, die den Mut haben, ehrlich zu hinterfragen, was im eigenen Leben nicht im Gleichgewicht ist, und die bereit sind, die Verantwortung für nötige Veränderungen zu übernehmen.

Ihr Engagement ist getragen von der Vision, dass mehr Lebensqualität für alle möglich ist, wenn jeder bereit ist, dafür sein Bestes zu geben. Wenn Menschen ihre innere und die äussere Natur wertschätzen und fördern, gestalten sie gemeinsam eine gesunde Zukunft, die dem höchsten Wohle aller dient.

Sonja Imoberdorf fühlt sich berufen, Menschen zu *inspirieren*, die Brücke zum eigenen Herzen, ins eigene Leben und ihr Umfeld zu stärken. Als Brücken-Bauerin *vernetzt sie* Menschen aus unterschiedlichen Lebenswelten und trägt zu einer friedlicheren Kommunikation bei.

Sonja Imoberdorf lebt in Bern und Münster, Schweiz.

Kontakt: Sonja Imoberdorf, 0041 79 559 02 28

office@sonjaimoberdorf.com

www.brücken-bauerin.ch

facebook.com/sonjaimoberdorf.ch

instagram.com/sonjaimoberdorf.ch

Was andere über Sonja Imoberdorf sagen:

«Sonja ist entdeckungsfreudig und hat den Mut, neue Wege zu ge-hen. Sie nimmt Menschen so, wie sie sind. Sonja ist verlässlich und weiss immer einen Rat. Sie erinnert mich an Dinge, die ich mir vor-genommen habe, und unterstützt mich dabei, diese umzusetzen.»
Martin Schweizer, Landwirt (Hof Bannholz)

«Wenn es irgendwo in meiner Psyche brennt, rufe ich Sonja. Sie hört scharfsinnig zu und benennt wichtige Aspekte mit präziser Klarheit. Sie geht mit mir in die Tiefe, damit ich Zusammenhänge erkennen kann. Sonja gibt bedingungslos und ich fühle mich geehrt, mit ihr in Verbindung zu sein.»
Teresa Linke, Lernpfadentwicklerin

«Sonja nimmt wahr, was ich zwischen den Zeilen sage. Sie hat eine grosse Gabe, die Menschen liebevoll zu erkennen und zu ermuntern. Es ist schön, so gesehen zu werden».
Dörte Averdunk, heil-praxis.eu

«Sonja ist eine Herzensfrau mit einer sehr feinfühligen Wahrneh-mung. Sie hat einen allumfassenden Blick und bringt Themen auf den Punkt. Sie ist eine Geberin und mag es, wenn es den Menschen gut geht. Ich bin sehr dankbar, dass sich unsere Wege gekreuzt ha-ben.»
Vanessa Corrado, praxiscorrado.com

Anhang

Literaturempfehlung

Byrne, R. (2012). The Magic. Knaur Verlag.

Dispenza, J. (2014). Du bist das Placebo: Bewusstsein wird Materie. Koha-Verlag.

Heintze, A. (2015). Seelenpartner – Liebe ohne Limit: Bedingungslose Liebe finden und schenken. Integral Verlag.

Hill, N. (2018). Think and Grow Rich. Finanzbuchverlag.

Lipton, B. (2014). Intelligente Zellen: Wie Erfahrungen unsere Gene steuern. (13. Auflage). Koha Verlag.

Kiyosaki, R. (2014). Rich Dad Poor Dad. Finanzbuchverlag.

Klenk, F. (2021). Bauer und Bobo: Wie aus Wut Freundschaft wurde. (2. Auflage). Paul Zsolnay Verlag.

Long, B. (2007). Was Eltern geben können! Mit Liebe und Wahrheit Kinder auf die Welt vorbereiten. Innenwelt Verlag.

Maté, G. (2020). Wenn der Körper nein sagt: Wie verborgener Stress krank macht und was sie dagegen tun können. Unimedica.

Osho (2010). Das Transzendentale ZEN-Spiel. Königsfurt Urania.

Richardson, D. & M. (2019). Zeit für Gefühle: Sex, Intimität und Ekstase in Beziehungen. Innenwelt Verlag.

Richardson, D. (2019). Zeit für Weiblichkeit: Der tantrische Orgasmus der Frau. Innenwelt Verlag.

Tolle, E. (2005). Eine neue Erde: Bewusstseinssprung anstelle von Selbstzerstörung. (7. Auflage). Arkana Verlag.

Tolle, E. (2014). Leben im Jetzt. (7. Auflage). Goldmann Verlag.

William, A. (2017). Medical Food: Warum Obst und Gemüse als Heilmittel potenter sind als jedes Medikament. Arkana Verlag.

Zane Pilzer, P. (2007). God Wants You to be Rich. (überarb. Auflage). Touchstone Verlag.

Auswahl eigener Werke

Bieri, M. & Imoberdorf, S. (2019). Ein Netzwerk für Familien auf dem Land. Sozialaktuell, 7/8, S. 36–38.

Bühlmann, R., Contzen, S. & Imoberdorf, S. (2017). Dialog zwischen Generationen ist eine Chance. Dossier Hofübergabe. Schweizer Bauer, 171, S. 17–21.

Imoberdorf, S. & Contzen, S. (2017). Agrotreuhandstellen und Früherkennung. Agrarbericht 2017. Bundesamt für Landwirtschaft.

Imoberdorf, S., Contzen, S. & Luchsinger, L. (2017). Überlastung in der Landwirtschaft. Die aktuelle und potenziell mögliche Rolle von Agrotreuhandstellen bei der Früherkennung. Berner Fachhochschule.

Imoberdorf, S., Jurt, C. & Contzen, S. (2017). Sozialberatung im ländlichen Raum. Sozialaktuell, 6, S. 36.

Imoberdorf, S. (2014). Wie die Hilfe zum Bauer kommt. Untersuchung zum Zusammenhang der Bewältigung betrieblicher und sozialer Anforderungen in Bauernfamilien und der eigenen (Land-)Wirtschaftspraxis. Master-Thesis. Edition Soziothek.

Imoberdorf, S. (2012). Bauernfamilien unter Druck. Entstehung und Bewältigung von Stress im bäuerlichen Alltag und die Bedeutung von professioneller Hilfe im Coping-Prozess. Bachelor-Thesis. Edition Soziothek.

Anhang

Inspirierende Persönlichkeiten

gerald-huether.de

instagram.com/jeffreykastenmueller

kiria.de

mariannekreissig.de

markolorenz.com

open-mind-akademie.de/anne-heintze

sandraelsig.com

sandrazuerlein.de

seommusic.de

stefanieheinzmann.de

Fussnoten

[1] Bodenmann, G. & Klingler, C. (2013). Stark gegen Stress. Mehr Lebensqualität im Alltag. Beobachter Edition.

[2] Tolle, E. (2005). Eine neue Erde. Bewusstseinssprung anstelle von Selbstzerstörung. (S. 151) (7. Auflage). Arkana Verlag.

[3] Aronson, E., Wilson, T. D. & Akert, R. M. (2008). Sozialpsychologie (4., überarb. Aufl.). Pearson Studium.

[4] Tolle, E. (2005). Eine neue Erde. Bewusstseinssprung anstelle von Selbstzerstörung. (7. Auflage). Arkana Verlag.

[5] Diesen Satz hat Stefan Hiene einmal in einem Newsletter geteilt.

[6] Quelle unbekannt: Fund im Internet.

[7] Byrne, R. (2012). The Magic. (S. 267). Knaur Verlag.

[8] Kastenmüller, J. (2021). Ich bin ein Fehler und ich liebe es. Der etwas andere Weg zu echter Selbstliebe. Integral Verlag.

[9] Zitat von Klara Schöne, NLP Trainer (DVNLP) und Human Design Coach.

[10] In Anlehnung an eine Aussage von Maria Kreissig in einem ihrer Podcasts.

[11] Je nach Quelle wird es auch Sokrates zugeordnet.

[12] Von Allmen, F. (2001–2020). Die acht Winde der Welt – Achtsamkeit, Erkenntnis und Gelassenheit (pdf, 8 Seiten A4). Abgerufen unter: https://fredvonallmen.ch

[13] Osho (2010). Das Transzendentale ZEN-Spiel. (S. 71). Königsfurt Urania.

[14] Genannt werden die Autoren Stuart Wilde oder Aldo Berti. Gemäss Aditya Novotny basiert das Spiegelgesetz auf dem Resonanzprinzip, eines der sieben hermetischen Gesetze nach Hermes Trismegistos.

[15] Zitat von Klara Schöne, NLP Trainer (DVNLP) und Human Design Coach.

[16] Tolle, E. (2014). Leben im Jetzt. (S. 161) (7. Auflage). Goldmann Verlag.

[17] Osho (2010). Das Transzendentale ZEN-Spiel. (S. 19). Königsfurt Urania.

[18] In Anlehnung an ein Interview, das Judith Wernli (Schweizer Rundfunk) mit Stefanie Heinzmann geführt hat.

[19] Weitere Informationen zum Thema «Work-Life-Balance» finden sich hier: https://www.worklifebalance-info.ch

[20] Dieser Satz stammt von Dr. M. Seligman, Begründer der «positiven Psychologie».

[21] Greber, R. (2019). Besser und gesund schlafen. Abgerufen unter: https://www.renegraeber.de/besser-gesund-schlafen

[22] Zulley, J. (2010). Mein Buch vom guten Schlaf. München: Goldmann.

[23] Tolle, E. (2004). Torwege zum Jetzt: Die drei Techniken zu höherem Bewusstsein. Hörbuch. Arkana Verlag.

[24] Fohlenstein, K. (2018). Ahnenmedizin. Seelenhomöopathie. Mikrokosmos. heil+kunst Verlag.

[25] Schnarch, D. (2006). Die Psychologie sexueller Leidenschaft. Stuttgart, Piper Verlag.

[26] Tolle, E. (2004). Torwege zum Jetzt: Die drei Techniken zu höherem Bewusstsein. Hörbuch. Arkana Verlag.

[27] Dieses Zitat stammt von Karin Reichinger.

[28] Nach C.G. Jung, Begründer der analytischen Psychologie, ist der «Schatten» das gesamte Unbewusste. Er ist das Wesen, das wir lieber nicht wären, letztendlich aber doch werden müssen, um zur Ganzheit zu gelangen. Arbeit mit dem Schatten dient der Bewusstwerdung.

[29] Richardson, D. (2019). Zeit für Weiblichkeit. Der tantrische Orgasmus der Frau. (S. 29). Innenwelt Verlag.

[30] Richardson, D. (2019). Zeit für Weiblichkeit. Der tantrische Orgasmus der Frau. (S. 55 ff.). Innenwelt Verlag.

[31] Kothes, P. (2014). Meister Eckhart. 33 Tore zum guten Leben. Patmos.

[32] Osho (2010). Das Transzendentale ZEN-Spiel. (S. 21). Königsfurt Urania.

[33] Zitat von Kurt Tepperwein.

[34] Bourdieu, P. (1982). Die feinen Unterschiede. Kritik der gesellschaftlichen Urteilskraft. Suhrkamp.

[35] In Anlehnung an einen Blogartikel von Edith Scholl, abgerufen unter: https://edithschroll.com

[36] In Anlehnung an Napoleon Hills Buch: «Think and grow rich».

[37] Osho (2010). Das Transzendentale ZEN-Spiel. (S. 73). Königsfurt Urania.

[38] Ingold, J. (2021). Der Gegensatz nimmt zu, die meisten stehen dazwischen. LID Mediendienst Nr. 3556. Abgerufen unter: https://www.lid.ch

[39] Plattform landwirtschaftliche Sozio-Ökonomie (2021). Memorandum: «Soziale Aspekte einer nachhaltigen Landwirtschaft». Abgerufen unter: https://www.agrarbuendnis.de

[40] Hardegger, A. (2021). Die Schweiz, die Bauern und der grosse Krach. Abgerufen unter: https://www.nzz.ch/gesellschaft/

[41] Ingold, J. (2021). Der Gegensatz nimmt zu, die meisten stehen dazwischen. LID Mediendienst Nr. 3556. Abgerufen unter: https://www.lid.ch

[42] Hardegger, A. (2021). Die Schweiz, die Bauern und der grosse Krach. Abgerufen unter: https://www.nzz.ch/gesellschaft/

[43] Klenk, F. (2021). Bauer und Bobo: Wie aus Wut Freundschaft wurde. (2. Auflage). Paul Zsolnay Verlag.

[44] Rediger, M. (2021). Landwirte sehen schwarz: Bauerncoach vermisst Sachkompetenz. LID Mediendienst Nr. 3524. Abgerufen unter: https://www.lid.ch

[45] Uhlig, M. (2019). Unser Boden, unser Erbe. Dokumentarfilm. Tisda Media. Abgerufen unter: https://www.wfilm.de/unser-boden-unser-erbe/

[46] Bärtschi, D. (2021). Die Erde ist, was du isst! Regenerative Landwirtschaft für eine gesunde Zukunft. Selbstverlag (Kindle Direct Publishing).

[47] Zum Bespiel www.regenerativ.ch oder www.agriviva.ch

[48] Die stumpfblättrige Ampfer (*Rumex obtusifolius*) ist in der Landwirtschaft ein weit verbreitetes Unkraut. Ihre Samen sind bis zu 50 Jahre keimfähig.

[49] Ein Beispiel der solidarischen Landwirtschaft findet sich unter: https://www.solawi.ch/

[50] Mehr Informationen zur Vertragslandwirtschaft finden sich unter: https://www.regionalevertragslandwirtschaft.ch

[51] Ingold, J. (2021). Nachhaltig – wenn der Preis stimmt. Mediendienst Nr. 3543. Abgerufen unter: https://www.lid.ch